東海 戦国武将ウォーキング

長屋良行 編著

風媒社

はじめに

『織田信長ガイドブック』を書いた時、清須から桶狭間まで、桶狭間の進軍ルートを歩いたことがある。信長に関する史跡は、すでにほとんど解明されており、歩く前は「今さら…」と思っていたが、実際に歩いてみると新しい発見が幾つか見つかった。

たとえば信長は、熱田神宮に到着するまでに片っ端から周囲の寺社を訪れている。戦勝祈願をおこなったのは熱田神宮だけではなかったのだ。また『信長公記』には「馬で清洲城を飛び出し、熱田神宮に着くまで4時間もかかった」と記されているが、その理由もわかった。信長は兵を集めていたのである。当時は農民だけではなく、寺院や神社も大きな戦力だったのだろう。現場を歩くと、地元民しか知らない信長の足跡を見ることができる。

本の中で、こんなことを言うのもおかしな話だが、「歴史は、本を読むより現地を訪れた方が何倍も楽しい」。とくに、ここ東海地方には「歴史に名を刻んだ戦国の現場」が山ほどあり、学者の方々の研究とは違った発見がまだまだ眠っている。本書では、こうした戦国の現場の楽しさを知ってもらい、実際に歩いてもらうために企画されたものである。どんなに景観は変わっても、空と地形は当時のままである。本書を手に想像力を働かせて現場を歩けば、戦国武将の気持ちが理解できるかもしれない。

長屋良行

目次

東海
戦国武将
ウオーキング

岩村城址から恵那山を望む

岐阜城

滋賀・静岡

【column】

安土城跡より琵琶湖を望む

愛知

東海　戦国武将ウオーキング

吉乃

●名古屋市中区

信長の青春「那古野」を歩く

万松寺

1500年代初頭、今川氏の勢力が尾張にまで達していた時代、尾張守護代・織田大和守家に仕えた清須3奉行のひとつ、織田弾正忠家の三男である信長は、父・信《のぶ》秀《ひで》の居城であった勝幡《しょばた》城で生まれた。信長が4歳になったころ、父・信秀より那古野《なごや》城を譲りうけ城主となる。

もともと今川の城であった那古野城だが、信秀が今川氏豊《うじとよ》を策略で追い出し、この城を手中におさめていた。尾張守護であった斯波《しば》氏をも凌ぐ、財力と武力を蓄えた織田家の躍進劇だ。下剋上の時代が幕を開けた。そして時代の寵児となり天下にその名を轟かせたのが、織田信長である。

「うつけ」は仮の姿だった？

その信長の青春時代は代々奉行職を継ぐ家の嫡男とは思えないような有様で、『信長公記《しんちょうこうき》』によると「湯帷子《ゆかたびら》の袖をはずし、半袴をはき、火打ち袋などをぶらさげ、髪は茶筅《ちゃせん》に結い、紅や萌黄《もえぎ》の糸で結び、太刀は朱鞘《しゅざや》のものをもちいていた。

配下はすべて赤揃え。人目を気にせず柿や餅をほお張り、人に寄りかかり、肩にぶらさがって歩いていた」とされる。織田家重臣だけでなく、城下の人々も眉を

【DATA】

◉名古屋城
名古屋市中区本丸 1-1／9:00～16:30（入城は 16:00 まで）／12/29～1/1 休園／大人 500 円／052-231-1700

ひそめたとか。「近頃の若いもんは…」という声が聞こえてきそうである。

　このような姿でうつけと呼ばれた信長だが、しかし鍛錬には余念がなく「朝夕は馬を駆り、水練の達人であった」という。さらに槍を長く改良したのもこの時代だ。群雄割拠の戦国の世を生き抜く厳しさを、人一倍感じていたのかもしれない。

　今川が築城し織田が奪った那古野城だが、現在の名古屋城は徳川家康の清須越の際に普請されたもので、その時に建てられた櫓や門が敷地のあちこちに残る。信長が育った那古野城は残っておらず、二の丸あたりがかすかにその様子を残すのみといわれる。

　名古屋城本丸の北東に広がるのが二の丸庭園だ。その中に那古野城跡の碑が立つ。回遊式の庭園を歩きつつ、幼少の信長の教育係であった平手政秀《まさひで》との会話を想像するのも楽しい。

那古野城跡

今に残る街道の石標

　では、広大な名古屋城を出て本町通を南下していこう。

　尾張藩の時代、本町通は藩の目抜き通りとして大変な賑わいをみせた。七代藩主徳川宗春《むねはる》のお国入りパレードは有名な逸話だが、他にも朝鮮通信使や、象までがこの道を通り江戸に向かった。そんな歴史に思いを馳せながら歩いてみたい道である。

　尾張藩の時代に重臣であった竹腰氏、成瀬氏の屋敷が置かれた官庁街を抜け、護国神社を過ぎると外堀通だ。

　外堀通角の愛知県産業貿易館は昔、藩唯一のいわゆる大学病院で、明治まで地域の医療を担っていたところだった。その先の中日病院の角には、熱田の文字が書かれた石標が立つ。風景は変われど今に残される街道沿いの石標は、気分を盛り上げてくれる。

合格祈願で人気・桜天神社

　その先の大通り、桜通を渡り右手に目を移すと、桜天神社だ。菅原道真を祭神とし学業にご利益がある。同じく市内にある、山田天満宮、北野天満宮とともに合格祈願の三社巡りが受験生の人気を呼んでいる。

さてこの桜天神社、元は大須の万松《ばんしょう》寺《じ》があった場所なのだ。信長が父・信秀の葬儀で、その位牌に抹香を投げつけたという有名な話は、万松寺がこの場所にあった時代の逸話である。その後、万松寺は現在の大須に移る。

そもそも万松寺を開山する前、信秀は桜咲く原に寺を建立する夢を見ている。その夢とまったく同じ景色に建てられたのが万松寺である。夢のお告げというわけだ。

仏も味方につけた織田家は、この後に現れる戦国スター信長の時代に大きな飛躍を遂げる。

桜通から南下すると飲食店などが増え、今までの雰囲気とは少し違う夜の街、錦に入る。さて、織田家の男性陣は果たして、那古野の桜咲く野にこのような繁華街の出現を予想しただろうか？　想像してみるのもなかなか楽しい。引き続き本町通を百メートル道路まで南下し、信号手前を左折するとすぐに若宮八幡社だ。

上／桜天神社
中／若宮八幡社
下／総見寺

名古屋の総鎮守・若宮八幡社

若宮八幡社の創建は古く大宝年間（701〜704年）にさかのぼる。もともとは今の名古屋城三の丸あたりに創建され、合戦の戦火で本殿が焼失したが織田信秀により再建されている。家康による名古屋城築城に際し、名古屋の総鎮守として現在の位置に遷座された。地元では人気の神社である。

道を挟んで東にあるのが平手政秀を弔う政秀寺《せいしゅうじ》だ。信長の素行を諌めるため皺腹をかっさばいた平手政秀の死を悼み、信長が小牧山城の南に建立。その後戦火で焼けて寺は清須に移るが、清須越の際この地に落ち着いた。寺には多くの寺宝が伝わるが、残念ながら普段は頑丈な門に閉ざされ一般の立ち入りは禁じられている。

信長の父・信秀が眠る寺

そこから百メートル道路を渡り大須エリアへ。裏門前町通を

万松寺

さらに南下してゆく。名古屋の南寺町である大須は栄エリアとは様子が変わり、行き交う人の年齢、人種、服装などがバラエティに富んでいる。小さな店舗が立ち並び通りはますます活気を増す。雑踏に埋もれ人間観察をしながらの街歩きもおもしろい。

赤門通の交差点を過ぎて二つ目の角を右折、少し行くと右手に総見《そうけん》寺だ。この寺は信長の次男信雄《のぶかつ》の建立で、安土にあった総見寺にちなみ名を安国寺から総見寺とした。ここにも信長の肖像画などお宝が伝わる。境内には信長、信雄両公の廟所があり信長の命日である6月2日には毎年信長忌がおこなわれる。ちなみに門前の仁王像が、荒削りで力強い。

総見寺から東に向かうといよいよ万松寺だ。信長の父信秀がここに眠る。織田家と書かれた、たくさんの提灯をくぐり墓所へ。

病で急逝した信秀が最後に息子の信長にかけた言葉はどのようなものだったろうか。平服のまま馬に跨り父の葬儀に現れた信長だったが、一説によると、父の死を知り領内に不穏な動きがないかを探るため犬山、楽田《がくでん》、岩倉、清須、鳴海《なるみ》と駆け回った後に葬儀の席にかけつけたのだともいわれる。戦国人信長の、天下を睨む気概が伝わる逸話である。

お寺の敷地に古城城址が……

裏門前町通をさらに南下し、最後は古《ふる》渡《わたり》城址へ。東本願寺名古屋別院、通称東別院の敷地に古渡城址の碑が立つ。城は二重の壕に囲まれた東西１４０ｍ、南北１００ｍの平城であったという。幼い信長に那古野城を与えた信秀はここ古渡城に移った。13歳になった信長はここで元服し、名を吉法師《きっぽうし》より織田三郎信長と改めた。信長は翌年初陣を飾る。のちに信秀は末森城を築き居を移したため廃城になる。

天下人信長を育んだ土地、那古野。野を駆る信長の青春を思い傾奇《かぶき》者《もの》の気分に浸ってみようか。（田中千奈）

古渡城址

織田家の台所「津島」界隈を歩く

尾張津島天王祭の巻藁船（津島市観光協会提供）

織田信長の出生地は那古野《なごや》城といわれてきたが、最近は勝幡《しょばた》城説が有力である。勝幡城は、津島を支配するために、信長の祖父・織田信定が築城した。戦国時代の津島は、伊勢と尾張を結ぶ尾張最大の湊町として、他国までその名は知られていた。また「津島の天王さま」と親しまれ全国で信仰されている津島神社の門前町でもあったため、津島は商業都市として大いに栄えていた。

まずは、織田家が氏神様として仰いだ津島神社を参拝しよう。津島神社の創建は弘仁9年（810）、須佐之《すさの》男命《おのみこと》を主祭神とし、全国に3000社ある天王社の総本山である。「西の祇園・東の津島」、「伊勢・津島どちらが欠けても片参り」と称されるほど有名であった。

織田家との関係は深く、家紋「木瓜紋」は、津島神社の社紋に由来している。織田家は、信定・信秀・信長の三代にわたり社殿の運営に尽力している。また豊臣秀吉も楼門を寄進した。『信長公記《しんちょうこうき》』には「信長の手習いの寺」として紹介さ

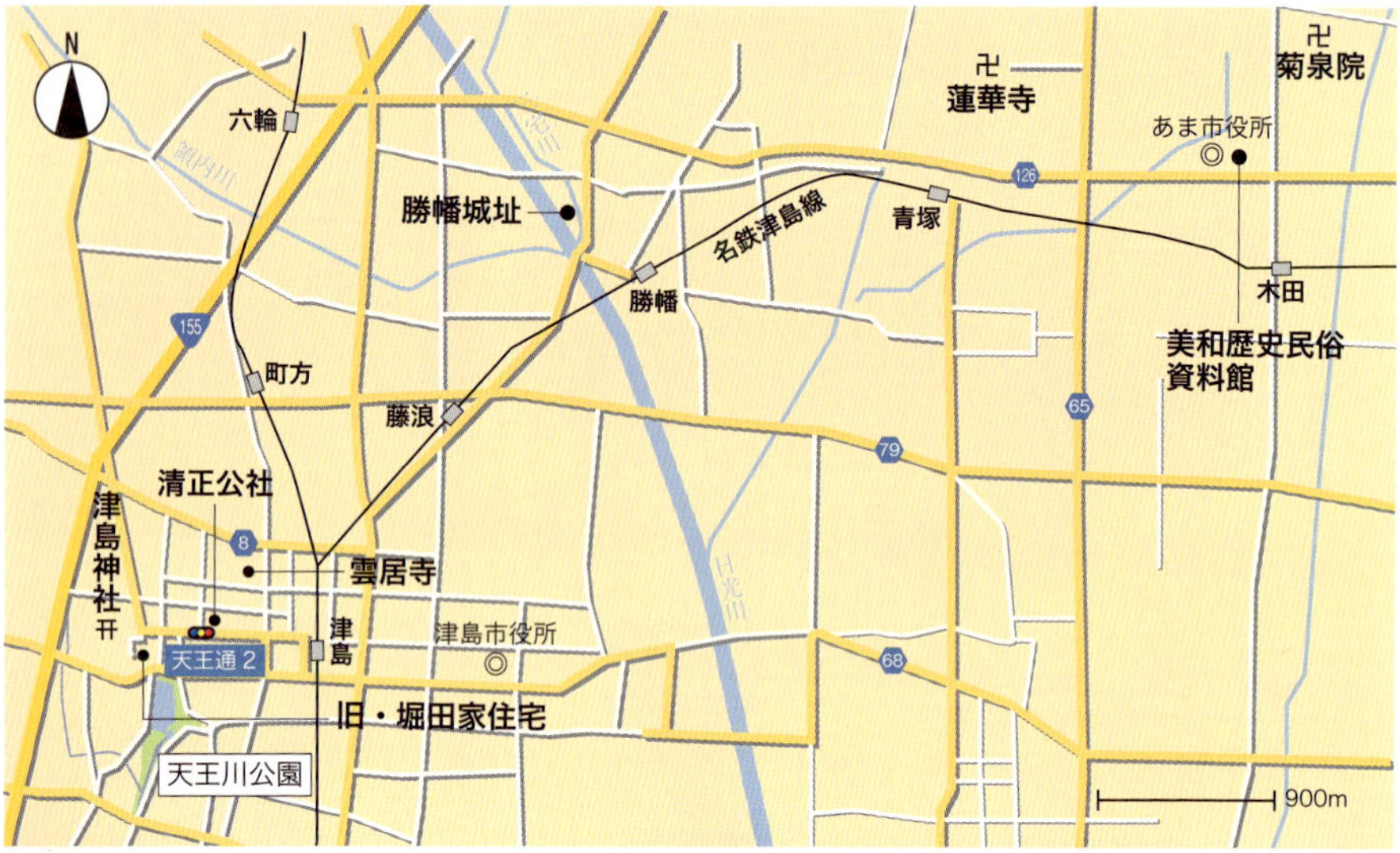

堀田家住宅

上／津島神社
下／信長の女踊り（信長公踊の戯の図）

れている。

尾張最大の湊だった津島

津島神社の次は、堀田家住宅へ。堀田家は、昔から津島を支配した豪商である。この場所とは異なるが、信長が「津島の堀田道空の屋敷で女装して女踊りを舞った」という逸話が残っている。また江戸時代に老中として三代将軍徳川家光に仕えた堀田正盛《まさもり》も津島堀

津島湊の古地図　津島が湊であったことがよくわかる
（『尾張國図』 から）

津島湊跡 （天王川公園）

上／清正公社　下／雲居寺

田氏の出身である。この堀田家住宅は、江戸中期の尾張の町屋建築として"うだつ"、"内玄関"などを見ることができる。

堀田家住宅から天王川公園までは徒歩で数分だ。今では想像もできないが、ここが、尾張最大の港・津島湊跡だ。江戸時代までは、ここに天王川が流れ、佐屋川・木曽川と合流して伊勢湾にそそいでいた。

当時の津島の繁栄は、年に1度開催される尾張津島天王祭で偲ぶことができる。水上に浮かぶ数多の提灯の壮大さと美しさに、織田信長や豊臣秀吉も魅了されたに違いない。信長は、安土城を築城した際、巻藁船の提灯を真似して、城をライトアップしたほど。この祭りは、毎年7月の第4土曜に宵祭、翌日曜に朝祭が開催されている。

天王通2丁目の細い路地を北上した上河原町に、加藤清正《きよまさ》を祀った清正公社がある。明治18年（1885）、清正の徳を偲んで、清正の叔父の家跡に建てられた。清正は、名古屋市中村で生まれたが、幼き時に父清忠《きよただ》が亡くなり、母とともに津島で鍛冶屋をしていた母の弟・五郎助の家に移り住んだ。五郎助の妻・よねは、豊臣秀吉の妻・ねねの姉にあたる。

市の民俗文化財に指定されている「鬼祭り」は、虎之助時代の清正が虎の面をつけて盗賊を追っ払ったという逸話から生まれた。

織田家三代の居城・勝幡城址へ

津島には、名古屋や清須と結ぶ街道として、津島上街道と津島下街道と呼ばれる2つの街道があった。上街道は鎌倉時代からあった古道で、津島・勝幡・木田・七宝《しっぽう》・甚目寺《じもくじ》・新川・名古屋を結び、名鉄津島線がほぼ平行に走っている。下街道は、津島・神守・万場・岩塚・熱田を結ぶ。

織田信長は、上街道を使い、何度も津島を訪れたはずである。街道筋には信長ゆかりの史跡が多い。本町筋を上街道に沿って歩くと右手に雲居寺《うんごうじ》が見えてくる。織田信長の家臣・津島衆の1人服部小平《こへい》太《た》の菩提寺だ。桶狭間《おけはざま》の戦いの際、今川義元に一番槍を着けた武将として歴史に名を刻んだ。さらに上街道を進み、日光川を越えると、信長が生まれた勝幡に着く。

織田家三代が暮らした勝幡城址は、日光川と三宅川の合流する三角州に築かれた。外堀は三宅川の流れを利用し、城というよりは中世の在地領主の館といった程度の規模と思われる。土塁で固めた小さな曲輪に板葺きの母屋と数棟の建物があったらしい。

勝幡城へは、歩くのもよいが、名鉄を使えば2駅の距離である。

少し足を延ばして…

さて次は、「武将のふるさと」として知られているあま市へ向かおう。名鉄津島あるいは勝幡駅から乗車し、木田駅で降りる。徒歩10分で「美和歴史民俗資料館」がある。あま市花正（旧美和町）は、蜂須賀《はちすか》小六《ころく》、福島正則、豊臣秀次、溝口秀勝など7人の有名武将を輩出した。まずは、この資料館で学習し、それから各史跡を回ってみよう。

蜂須賀小六の生誕地と菩提寺・蓮華寺は、名鉄青塚駅から徒歩10分。福島正則の生誕地と菩提寺の菊泉院は木田駅から徒歩15分である。津島を訪れた際は、美和町へも寄ってみてはいかがだろうか。（長屋良行）

上／勝幡城址
中／美和歴史民俗資料館
下／蜂須賀小六生誕地

【DATA】

◉堀田家住宅／津島市南門前町1-2-1／10：00～15：00／開館：土・日曜、祝日／一般300円・小中100円／0567-24-1111（津島市教育委員会）

◉美和歴史民俗資料館／あま市花正七反地1／9：00～16：00（土曜は9：00～12：00）／休館：木曜・祝日・年末年始／入館無料／052-442-8522

◎名古屋市緑区

『桶狭間の戦い』合戦地を歩く

桶狭間古戦場公園

戦国の世が始まり各地で国取り合戦が展開されていた永禄年間、美濃の斎藤道三《どうさん》、甲斐の武田、北近江の浅井長政《ながまさ》、そして駿府の今川義元と、戦国の列強が尾張を囲んだ。骨肉の争いを制した織田信長が尾張をほぼ手中に収め間もなく、駿府の今川義元が尾張に迫る。時は永禄3年（1560）、戦国の勢力図を塗り替える一戦の幕が切って落とされた。桶狭間《おけはざま》の戦いである。

尾張の覇者となった若き織田信長、対するは海道一の弓取りと称された戦の達人今川義元。西に兵をすすめる義元は、一説によると尾張と三河の不安定な国境を平定するため、そして尾張の有する熱田、津島の二つの湊《みなと》を押さえるため、という二つの目的があったともいわれる。歴史を変え、また歴史に謎を残す桶狭間の地を歩いてみよう。

信長27歳、命をかけた一戦

桶狭間の手前、JR東海道本線の大高《おおだか》駅周辺の大高城は今川の支城である。この合戦の火蓋を切った丸根《まるね》、鷲津《わしづ》の2つの砦はもともと、今川側の通信を遮断し圧力をかけるために織田信長によってつくられた砦であった。その距離およそ1km。義元による沓掛《くつかけ》城陥落後、兵糧を入れるため大高城に進んだ元康《もとやす》（のちの徳川家康）により、この2つの砦がおちる。

一方、清須では沓掛城の陥落にも動こうとしなかった信長であったが、丸根、鷲津陥落の報を受けるとすぐさま飛び起き舞を舞う。有名な敦盛《あつもり》の場面だ。信長当時27歳、文字通り命を懸けた一戦を控え、わずかな伴とともに清洲城を飛び出した。

桶狭間古戦場公園へ

桶狭間合戦の旅、今回は名鉄有松駅より出発だ。名鉄線路の南に続く有松の町は江戸時代、東海道沿いの宿場町として栄え、名物有松絞は、この土地で守られてきた逸品である。今も残る古い町並みには、この地に入植し有松絞を育て上げた竹田家や服部家など、文化財に指定される家が残り見学もできる。

桶狭間は有松の南側に位置する。有松の町を抜け国道1号線、

有松の町並み

桶狭間の交差点を約1・5㎞南下すると大型スーパーの建つ幕山の交差点に出る。ここは今川の武将松井宗信《むねのぶ》が布陣の際に陣幕を張ったことから幕山と呼ばれたらしい。幕山のすぐ東にあるのが桶狭間古戦場公園である。

　ここ名古屋市緑区も桶狭間古戦場の一つで、桶狭間山の西にあたる。合戦からちょうど450年にあたる平成22年に緑区が古戦場公園を改修。信長、義元、元康の3武将が進軍した合戦の道がジオラマで表される。また、地元有志の寄付によりほぼ等身大といわれる信長、義元の銅像もたてられ、史跡保存に向けた整備が進んでいる。

「桶狭間」の由来

　その片隅にあるのが義元討伐地の碑だ。一番槍服部小平太《こへいた》、二番槍毛利新助の手にかかった義元はあえなく絶命。百戦錬

上／合戦の道のジオラマ
下／今川義元本陣跡

磨の大将はこの地でその生涯を閉じた。園内には義元の喉を潤し、またその首級を洗ったといわれる首洗いの泉が残る。ちなみにこの泉、湧き出る水の多さで水汲みの桶がくるくる回り、旅人のあいだで桶廻る間の一服といわれたことから桶狭間の名がついたという。

　この泉のすぐ裏手、現在は宅地の小高い丘だが昭和の30年ころまでは急峻な山であったという。ここが義元本陣の桶狭間山といわれる地である。

　泉のすぐ裏の三叉路を東方面へ、住宅街に入る。突きあたりを左手に進むと丘の中腹まで上がり、そこから古戦場公園の方面を見渡すことができる。すぐ一つ目の角を右に折れ約80m進んだ右手、和風の集合住宅前に今川義元本陣地の碑が建つ。現在は宅地になっているが、昔はこの先に現在より10m以上も高い壁のような頂上がありその裾野は深田であった。義元はその深田に膝まで足を取られ討たれたという。

激戦地の地形を楽しみながら

　では信長隊の先鋒が回り込んだといわれる方面に向かおう。前方すぐの突きあたりを左手、そこから約３００mで北にある用水路へ到着する。堤防から北東を望むと名古屋短期大学が間近にあり、校舎の北東の丘が信長右翼隊が通過した辺りだ。今川勢に向かって近づいていた織田先鋒隊は、偶然義元の輿を発見、突撃となったという。

　両軍入り乱れての激戦の中、沓掛城方面に引いた部隊は現在の豊明の桶狭間古戦場伝説地あたりで交戦し、大高城方面に向かった部隊は、ここ桶狭間古戦場公園で激戦を繰り広げたようだ。織田軍３０００、今川軍２万５０００が激突、相当な人数の乱戦だったろう。

　大学の駐車場から校舎へつづく傾斜は、昔からの地形を生かしているそうで、そこを馬で進軍する武将達の姿を想像すると、思わず武者震いがしそうだ。ちなみに一般人は大学の敷地に入れないので要注意。

上／信長が進軍した釜ヶ谷
下／桶狭間古戦場伝説地（豊明市）

３５００の灯籠で死者を弔う

　さて、ここから北の1号線方面には豊明市の古戦場伝説地と高徳院がある。少し距離はあるが、こちらの方面にも義元陣後や義元の墓碑、また戦人塚などゆかりの史跡が数多く残されており、その先には沓掛城址も整備され、歴史ファンにとっては見逃せない地域である。

しかし今回はもう少し緑区をまわろう。水路の西端から最初の突き当たりを左に見ると、七ツ塚の標識がある。民家の奥へ入ると塚が祀られており、信長は決戦に勝利した後ここで勝鬨をあげ、この地に戦死者を弔ったという。

七ツ塚から古戦場公園を過ぎて大池へ。大池は毎年おこなわれる桶狭間古戦場祭りの会場の一つで、クライマックスの夜には3500の灯籠で池を囲み死者を弔う。

その大池のほとりにあるのが、瀬名氏《うじ》俊《とし》陣地跡だ。今川の先鋒瀬名氏俊は合戦の2日前に桶狭間に入り、義元の本陣の設営にあたったという。のちにこの辺りは竹で覆われ藪となったため、地元ではセナ藪と呼ばれていた。

600年湧き続ける泉

セナ藪を池に沿って進むと長福寺の参道がある。前に流れる小川は昭和の初めごろまでは美しい清流で、たくさんの蛍も見られたという。川の名前は鞍流瀬川《くらながせがわ》。合戦で流された血とともに、武者達の馬の鞍がこの川を流れたことからこの名がついた。

義元軍が陣を敷いた際、酒などを差し入れたのがこの長福寺だという。また、合戦後は義元の首実検がおこなわれ（諸説あり）、首実検に立ち会った今川の同朋林阿弥は後に、義元を弔うため阿弥陀如来を奉納。寺には寺宝とともに義元の木像が安置されている。

ちなみに、長福寺の奥の泉は600年間湧き続けているといわれる不思議な泉で、平家の落ち武者がこの泉を頼りにこの地に里をつくったと伝わる。

さて、大池に沿ってぐるりと回ると今川の武将瀬名氏俊が評議を開いた戦標の松がある。またすぐ南には瀬名氏俊が戦勝祈願した桶狭間神明社もほど近い。

戦国の勢力図を塗り替えた桶狭間山での一戦。山の起伏を体で感じながら歴史を実感してみてはいかがだろう。（田中千奈）

上／桶狭間古戦場まつり
中／長福寺
下／桶狭間神明社

◉清須市

織田信長が天下統一をめざした「清須」を歩く

織田信長の人生は大きく3つに分けられる。1つはうつけ者と呼ばれた那古野城時代。2つ目は、天下に名を轟かせた清洲城時代。そして3つ目が、次々と革新的な政策を打ち出した岐阜・安土城時代である。とくに清洲城時代は、家臣や家族からも疎まれていた信長が、困難を乗り越え、天下取りの礎を築いた時代として興味深い。

清洲城

清須は、信長を大きく変えた町である。さっそく町を散策したいところだが、その前に清須について知っておくべきことがある。

清須は慶長15年（1610）の清須越で、一度廃墟と化した。資料によると、武士3万人、町人6万5千人、神社3、寺院120数カ所、67すべての町と町名、さらには川に架かる橋から竈の灰まで、清須から那古野に移したそうである。その規模は、当時の臼引き歌に「思いがけない名古屋ができて、花の清須は野となろう」と謳われたほど。

その後、江戸時代には美濃街道の宿場町として復興した。現在は、織田信長の史跡も、きちんと整備されているので、歴史ファンなら一度は訪れてみたい町である。

信長の「焼け兜」が遺る総見院

清須ウオークの出発点は、名鉄新清洲

清洲城

駅か、ＪＲ清洲駅になるが、歩く効率を考えてＪＲを利用しよう。

まず駅から徒歩約５分で総見院がある。尾張藩が織田信長を弔うために建立した寺院である。もともと清須には、本能寺の変で自害した信長のために、当時の清洲城主で信長の次男であった織田信雄《のぶかつ》が、総見寺を建立した。

しかし総見寺は清須越で名古屋の大須に移ったため、尾張藩が新たに建立した。ここには信長の供養塔と本能寺の焼け跡から見つかったと伝わる信長の「焼け兜」

信長像

がある。天明５年（１７８５）柏原藩織田家より奉納されたもので、家老の生駒主水方綱、津田内蔵助頼利の由緒箱書きがある。

さて総見院の次は、模擬天主「清洲城」と清洲古城跡をめざそう。

「関東の巨鎮」清須

清洲城は、応永12年（１４０５）、尾張国の守護であった斯波《しば》義重が、守護所であった下津《しもづ》城（稲沢市）の別郭として建てた。やがて守護所が清洲城に移ると、鎌倉街道と伊勢街道が交わる交通の要衝として、また尾張国の中心として繁栄する。弘治元年（１５５５）には、織田信長が那古野城から入城し尾張を統一。桶狭間の戦いの後は、ここ清須から天下統一の第一歩を踏み出した。

信長が岐阜に移った後も、次男・信雄、豊臣秀次《ひでつぐ》（関白）、福島正則、松平忠吉（家康の４男）、徳川義直《よしなお》（家康の９男）が城主となり、尾張の首都として、城下の人口は６万人を超えていたと伝わる。朝鮮通信使の記録にも「関東の巨鎮」と称

清洲城の石垣の跡

された、また、清洲城は「天下の名城」と讃えられていた。清洲城は、信長と松平元康《もとやす》（徳川家康）が同盟を結んだ清洲同盟や、信長亡き後の継嗣問題を話し合った清洲会議など、歴史の節目に顔を出し、重要な役割をはたした。

　現在、城跡は開発によって残っておらず、本丸の土塁が一部残るのみである。清洲古城跡公園には、清洲城跡顕彰碑や清洲公園には信長の銅像が建っている。

　現在の天主は、平成元年に旧・清洲町・町制100周年を記念して再建された模擬天主だ。外観や規模は、実在した当時を想像して建てられた。平成22年、清須越400年を記念して清洲城の内装がリニューアルされた。織田信長の代表的な城郭として、清洲城下町の紹介や信長の戦いの歴史が、最新の映像を使いわかりやすく紹介されている。

五条橋

　また清須の土産を求めるのなら、「清

上／清洲城内
下／ふれあい郷土館

洲ふるさとのやかた」を覗くと便利である。

清須の総鎮守・日吉神社

清洲城から徒歩数分の場所に美濃街道清洲宿本陣跡がある。信長とは関係ないが、もうひとつの清須の魅力として回ってみるのも楽しい。この辺りが、江戸時代に賑わっていた清洲宿の遺跡である。

さて、五条川に沿って歩くと五条橋がある。かつての五条橋は、清須越の際に、名古屋の那古野町に移された。擬宝珠《ぎぼし》には「五条橋、慶長七年壬刀六月吉日」の銘があり、名古屋城に保存されている。そんな事情があり、現在五条橋は、ここと名古屋の2カ所に架かっている。

美濃街道をさらに下ると清須の総鎮守・日吉神社がある。ここは古くから信仰を集めた社で、織田信長をはじめ三英傑とゆかりが深い。信長について書かれた『信長公記』には、信長が日吉神社の神前にて、火起請《ひきしょう》という裁判に立ち会ったと記されている。

上／日吉神社　中／清洲宿本陣跡
下／今川塚（正覚寺）

美濃街道を歩く

さてここで、清須の中心部を離れ、信長が何度も行き来した美濃街道を歩いてみよう。美濃街道は、信長の次男・信雄が幅5間（9m）の道路に整備し、東海道の宮宿と中山道垂井宿を結んだ。とくに名古屋から清須に続く街道筋は、今でも江戸時代の建物が残る風情ある町並みとして人気が高い。

永禄3年（1560）、桶狭間の戦いに勝利した信長は、今川義元の首級と義元愛用の刀・宗三左文字と脇差を掲げ、美濃街道を凱旋した。信長は、須ヶ口付近で、吉本の菩提を弔うために義元塚を築き、衆僧に千部経を読ませ大卒塔婆を立てたといわれる。当初は民家の横にあったが、現在は正覚寺に移されている。

（長屋良行）

【DATA】

◉清洲城／清須市朝日城屋敷1-1／9:00～16:30（入館は16:15まで）／休館：月曜日（休日の場合は直後の平日）、年末年始／大人300円・小人150円／052-409-7330

●新城市

「長篠・設楽原の戦い」合戦地を歩く

武田信玄の跡を継いだ勝頼は、天正3年（1575）、徳川方に奪われた東三河の長篠城を奪い返すべく出陣。対する徳川家康は、織田信長に援軍を要請する。天然の要害・長篠城での篭城戦を経て、武田軍と織田・徳川連合軍は設楽原で激突。鉄砲を使った信長の新しい戦術により、武田軍は壊滅的な打撃を受けた。今なお当時の面影が残る長篠の古戦場を歩いてみよう。

馬防柵再現地

世にいう長篠の戦いは、2部構成となっている。長篠城の篭城戦と、設楽原《したらがはら》での武田軍と織田・徳川軍の全面的な激突で、東西5㎞の広範囲にわたり合戦がくりひろげられた。古戦場には今なお田畑や雑木林が残り、激闘の跡を示す石碑が点在している。古戦場めぐりの楽しみを満喫することのできる稀有な場所である。

　現地を歩く前に、戦いに至る経緯を整理しておこう。

　天正期に入ると、浅井・朝倉氏が滅亡、松永久秀《ひさひで》も降伏する。長島の一揆も鎮圧され、一向宗勢力もおさまり、反信長の包囲網は破綻。残るは甲斐の武田だけとなった。

　天正2年（1574）、信長はこれまで対決を避けてきた武田氏に対し攻勢に転じた。

　武田氏の三河侵攻ルートにあたる長篠城を拠点とする奥平氏は、当初武田陣営にあったが、織田・徳川連合軍は調略によって寝返らせる。信玄の後を継いだ武田勝頼《かつより》はこれに怒り、奪還のための兵を挙げることを決意する。

　天正3年（1575）、勝頼は1万5000人の軍を率いて長篠に到着。奥平勢500人が篭る長篠城を包囲した。

長篠城の篭城戦

　小さな城郭風の駅、JR飯田線長篠城駅から西に約7分歩いたところが長篠城址だ。本丸北側の空堀を見てから、長篠城址史跡保存館に入ろう。館内には、鎧や火縄銃、出土した弾丸、血染めの陣太鼓など、合戦を偲ばせる資料が多数保存・展示されている。その中に一人の男の磔の図がある。命をかけて援軍を呼んだ鳥居強右衛門《とりいすねえもん》である。

長篠城址

　長篠城は豊川と宇連川《うれ》が合流する断崖に築かれた天然の要害で、大軍をもってしても簡単には落城しないと思われていた。家康や信長もそう判断し、自らの出兵を急がなかった。しかし、予測を上回る武田軍の猛攻により兵糧倉を破壊されると、落城は時間の問題というところまで追い込まれた。

　そのとき、奥平貞昌《おくだいらさだまさ》の家臣・鳥居強右衛門が密かに城の不浄口から脱出。命がけで岡崎にたどり着き、家康に窮状を訴えた。すでに信長率いる大軍も着陣していることを知り、吉報を伝えるべく長篠城にひき返した強右衛門は、武田軍に捕まってしまう。織田・徳川連合軍の動きを知り焦った武田軍は強右衛門に、城に向かって「援軍は来ない」と叫べば助命すると提案。一度は承知した強右衛門だが、土壇場で「援軍は間もなく来る」と叫んだため、磔にされてしまうのである。死を賭した報告に、城兵は奮い立ち、さらに防戦は続いたのだ……。（強右衛門が叫んだ場所は、弾正曲輪のあたりと言われており、案内板が立っている）

周辺の史跡

　保存館を出て、本丸跡の広場を歩いてみよう。案内にしたがえば、宇連側の対

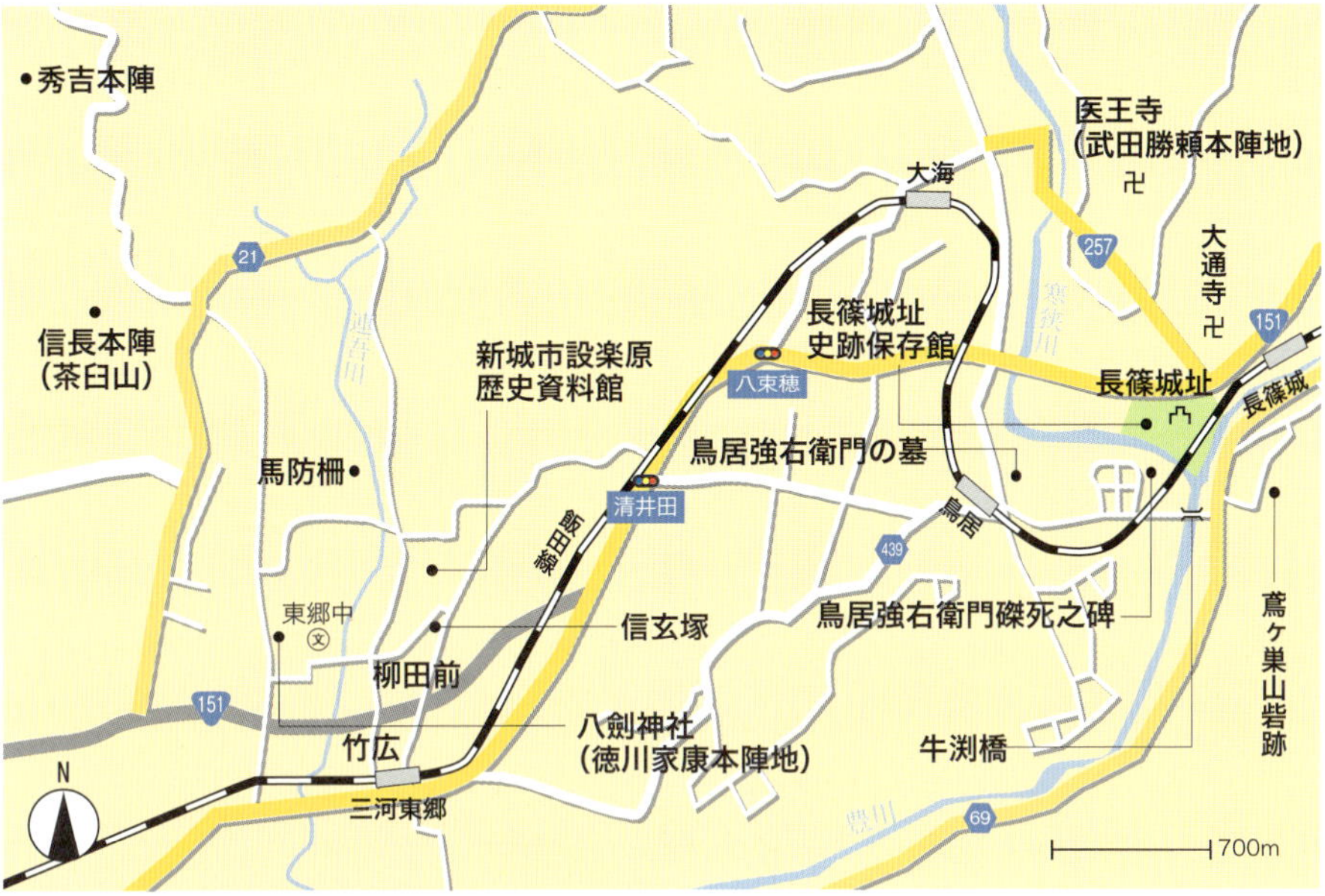

岸の山、武田軍の築いた五砦の方向や寒狭《かんさ》川との合流点・渡合《どあい》、強右衛門が磔になった場所が確認できる。

城址のまわりにも史跡が点在する。国道151号線を渡ったすぐ北には、武田軍が設楽原へ出陣する前夜、馬場信房《のぶふさ》らが別れの水盃を交わしたという大通寺。そこからさらに坂道をのぼると、武田勝頼が本陣を置いた医王寺があり、本堂前に碑が立つ。裏手の医王寺山の砦の跡には模擬櫓が復元されている。

南にまわって、渡合にかかる牛渕橋は断崖上に築かれた城郭を想像するのに絶好のポイント。行き交う車に気をつけて、

上左／鳥居強右衛門磔死之碑
上右／医王寺
下／牛渕橋より

壮大な眺めを楽しみたい。近くの寒狭川岸篠場野には鳥居強右衛門磔死之碑が立っている。また、宇連川岸から上れる「鳶ヶ巣山砦」からは眼下に長篠合戦の跡全体を、遠くには設楽原古戦場を見渡すことができる。

戦場は設楽原へ

　さて、長篠の戦いの第2部は、織田軍3万、徳川軍5000が設楽原に着陣したところから始まる。連吾《れんご》川の西側に陣を敷くと、岐阜から運んできた木材と縄で馬防柵をつくり、武田軍を迎え撃つ体制をととのえた。

　長くつづいた軍議の結果、武田勝頼も医王寺を出て、設楽原に向けて本陣を移す。一方、家康の重臣・酒井忠次は長篠城背後の鳶ヶ巣山砦の奇襲に成功。これにより、武田軍の退路は断たれ、敵陣に突撃して雌雄を決する他に道はなくなったのである。

　史跡めぐりの方も、設楽原に場所を移そう。長篠城駅からJR飯田線で九分、三河東郷駅で下車。北に歩くと、古戦場に入っていける。静かな田園風景の中に、激戦の跡地を示す石碑の数々を探しながら歩こう。

　竹広激戦地、柳田前激戦地を過ぎると、連吾川西岸に再現された馬防柵が見えてくる。

　当時の馬防柵は三重で、連吾川に沿って南北に約2㎞の長さがあったというが、案内板によれば「連吾川に向かって右側の下手に徳川軍のものを、左側の上手に織田軍のものを、区別して構築してみた。両者の様式には、攻口の設け方に違いが認められる」とのことだ。

柵の手前には、銃弾に倒れた武田軍「土屋昌次戦死の地」の碑が建っている。（墓は新城市設楽原歴史資料館の北東にある）
　ここに立つと鉄砲の音や騎馬の嘶《いなな》きが聞こえてくるような気がしてくる。

両軍激突

決戦の日、5月21日（現在の暦では7月9日）早朝、両軍は馬防柵をはさんで対峙した。連合軍の鳶ヶ巣山砦急襲が成功すると、武田軍は退路を絶たれ、ついに敵陣突撃を決断、両軍が激突する。

　連合軍は、突進してくる武田の騎馬隊に、三千挺の鉄砲を「三段打ち」で間断なく撃ち続けた。

　10時間におよぶ戦闘の結果、武田軍は、馬場信治、山県昌景らの有力武将を失い、1万人の死者を出すという大敗を喫したのである。（連合軍も6000人の死者を出している）

　竹広激戦地から近い新城市設楽原歴史資料館も、ぜひ訪ねてみたい。

　火縄銃や、野田城（JR野田城駅から徒歩15分）攻めの際、信玄を狙撃したと伝わる信玄砲など興味深い資料が数多く展示されている。中には、平成19年に発見された白い鉄砲玉などもあり、現在も残る合戦のリアリティを感じさせてくれる。

　また、戦死した兵士を鎮魂するために毎年8月におこなわれる祭り「火おんどり」についても詳しく知ることができる。

　資料館の裏手には信玄塚がある。戦いの後、名の知れた武将の遺体は憤死した地に埋葬されたが、残った多くの遺体はまとめてここに埋葬されたという。「大塚」が武田方、「小塚」が織田・徳川方だといわれているが、その大小は死者の数の違いを表しているのだろうか。

　なお、信玄は当時すでに亡くなっており、ここに埋葬されているわけではないが、その偉名を借りて信玄塚と呼んだものであろうと推測されている。

上／新城市設楽原歴史資料館
下／信玄塚

古戦場を新東名高速道路が……

古戦場のまわりには、八劔《やつるぎ》神社に家康、茶臼山に信長、牛倉に秀吉のそれぞれ本陣跡があり、それらを回ってみることもお勧めしたいところだが、ひとつ問題がある。

　平成26年に開通予定の新東名高速道路が、新城市内を貫通。設楽原のど真ん中に橋梁やインターチェンジが設けられるということだ。

　武田軍が長篠城攻めのために築いた五砦の1つ中山砦は消滅し、新昌寺境内にある鳥居強右衛門の墓は、すでに数十メートル移転した。茶臼山の織田信長本陣跡もすぐ近くで工事がおこなわれているので、事前に状況を確認したうえでお出かけいただきたい（平成23年2月現在）。

（水崎薫）

【column】
武将の聖地、熱田

熱田神宮・宝物館

熱田神宮・信長塀

熱田は、1900年の歴史を持つ熱田神宮の門前町であり、東海道で最も栄えた「宮」の宿場町、そして戦国期には津島と並ぶ尾張最大の湊町であった。それだけに昔から、利権と領土を求めた土豪たちと縁が深い土地であった。熱田には、日本武尊、源頼朝、織田信長、徳川家康ゆかりの史跡が徒歩圏内に集中している。

地下鉄伝馬町駅から徒歩数分で裁断橋・都々逸《どどいつ》発祥地に着く。裁断橋とは、小田原合戦で病死した息子の供養に、母親が橋の擬宝珠に刻んだ碑文があまりに名文だったため逸話として残った。江戸時代に全国に広まった都々逸は、宿の女中が謡ったのが始まりとされる。ここから、竹千代（徳川家康）が、信長の父・織田信秀の人質として幽閉されていた羽城跡も近い。当時、竹千代は6歳。14歳の信長と運命の出会いがあったであろう。

ここから、伝馬町へ戻り、熱田神宮へ向かおう。

熱田神宮の創紀は、日本武尊《やまとたけるのみこと》の妃・宮簀姫《みやすひめのみこと》が、帰らぬ夫を思い、草薙神剣《くさなぎのみつるぎ》を熱田に奉じたことからはじまる。神宮内の宝物館には、織田信長や前田慶次の刀など約6000点の寄進物が収蔵されている。また熱田神宮は、信長が桶狭間の戦いの際に戦勝祈願をした神社としても有名だ。そのお礼として信長が寄進したといわれる信長塀が、今も残っている。

熱田神宮の南の門前には、岡部又右衛門家跡がある。岡部家は代々熱田の宮大工で、初代は信長の命で安土城を築城し、二代目は名古屋城の築城に参加した。そこから北上すると左手に誓願寺がある。ここには、鎌倉幕府の初代将軍・源頼朝の誕生碑がある。頼朝の母が熱田神宮の大宮司の娘であったため、頼朝は熱田で生まれた。さらに旗屋町の交差点を左折すると日本武尊の陵墓とされてきた白鳥古墳、信長が桶狭間の戦いの際に参拝した法持寺がある。（長屋良行）

岡部家跡

誓願寺

法持寺

豊国神社参道入口の赤鳥居

◎名古屋市中村区

豊臣秀吉・加藤清正の生誕地を歩く

天下人でありながら、豊臣秀吉ほど謎の多い人物は少ない。よく知られている波乱万丈なエピソードは、そのほとんどが創作だといわれている。しかし、出生地が尾張国中村であることは確かなようだ。同じく中村で生まれた加藤清正《きよまさ》が名古屋を訪れた際に、自身と秀吉の出生地に寺を建立したからである。秀吉と清正は、母親同士がいとこで、家が近所であったと伝わる。

名古屋駅から約10分。地下鉄東山線中村公園駅を降り、3番出口を出ると大きな赤い鳥居が見える。高さ24m、幅18・5m。大正10年（1921）に中村が名古屋市に編入されたことを記念して建てられた日本一大きな鳥居である。ここが一の鳥居にあたり、北に延びる道が、豊《とよ》国《くに》神社へとつづく参道である。歩道には秀吉や清正の兜のマークが標され、参道に沿って並ぶ店舗にもゆかりの名前が目につく。毎月9日・19日・29日に九の市が開催され、大勢の人でにぎわう。

赤鳥居をくぐり豊国神社へ

赤鳥居をくぐって約6分で中村公園の入り口に出る。まずは、正面の豊国神社を参拝しよう。

豊国神社は豊臣秀吉（豊国大明神）を祀る神社で、秀吉に縁のある各地に鎮座する。ここ名古屋も、明治時代に入ってから、秀吉の生誕地ということで、当時の愛知県令・国貞《くにさだ》廉平《かねひら》をはじめ地元崇敬者の人々によって、秀吉を祀る運動が盛んになり、明治18年（1885）に創建された。社殿自体は思いのほか小ぶりで質素であるが、拝殿に向かって右側に掲げられた秀吉の絵姿と五七《ごしち》の桐紋が、何とも印象的である。5月の第2土・日曜日に開催される太閤まつりでは、時代行列をはじめ、各種行列が参道を練り歩く。

豊国神社社殿の東隣には豊公生誕之地の碑が立つ。秀吉は、天文5年（1536）、父・木下弥右衛門と母・なかの長男としてこの地に生まれた。幼名は日吉《ひよし》丸《まる》、あるいは小竹ともいわれる。姉・智子（関白秀次生母）とは実の兄弟、弟・小一郎（豊臣秀長）と妹・朝日姫（徳川家康正室）は、異父兄弟である。しかし

上／豊国神社
下／豊公生誕之地碑

秀吉像

常泉寺

秀吉の出生地に関しては、中村公園と接している常泉寺《じょうせんじ》や地下鉄中村公園駅南東の下中村など異説がある。

清正ゆかりの妙行寺

生誕碑から東へ少し歩くと、秀吉の銅像が建つ常泉寺がある。慶長11年（1606）に加藤清正が秀吉を祀るために創建した寺である。この地は筑阿弥《ちくあみ》（秀吉の養父）の宅跡で、秀吉の生誕地であるという。

境内には秀吉産湯井のほか、秀吉が11歳のときに植え、現在は五代目となるヒイラギが茂っている。清正は、わざわざ大坂城にあった秀吉の肖像画を、秀吉の子・秀頼から譲り受け常泉寺のご神体とした。その頃は、天下を制した徳川家と豊臣家の軋轢が問題になっており、秀吉子飼いの武将として、豊臣家の存続を願う清正の思いが伝わってくるようだ。

常泉寺の隣が清正の生誕地である。慶長15年（1610）、清正は名古屋城築城の余材を使いここに妙行寺《みょうぎょうじ》を建立した。境内に入り、まず長烏帽子兜をかぶった清正の銅像が目につく。本堂（清正堂）には、清正の菩提寺である熊本の

妙行寺

清正像

本妙寺から贈られた清正尊像が安置されている。本堂の脇には生誕碑も建っており、思わず手を合わせたくなる。その一角だけ時間が止まったような静かな佇まいである。

無敗の猛将にあやかりたい

次に、逆戻りをして豊国神社の裏へ向かってみよう。途中、右手に「日吉丸となかまたち」の銅像が見える。これは昭和58年にわんぱく盛りの秀吉をモデルに製作されたものだそうだ。どうやら、真ん中のリーダーらしき子供が日吉丸（秀吉）らしい。

日吉丸となかまたち

そこから、さらに参道を横切り、ひょうたん池に沿って右に曲がると八幡社がある。ここは清正が出陣する際に必勝祈願をしたと伝わる神社。名古屋城築城の際、清正によって大木が伐採されたという言い伝えが残っている。国内においては無敗を誇った猛将だけに、勝負事に関して、確かなご利益があるのかもしれない。清正の知られざるパワースポットだ。

上／参道
下／名古屋市秀吉清正記念館

歴史ファン必見の記念館

さて、ひととおり回った後で最後に訪れていただきたいのが、名古屋市秀吉清正記念館だ。ここのコースのおもしろさは、単に史跡を巡るだけではなく、公園内に秀吉と清正に関する資料館があることである。中村公園文化プラザの2階にあり、無料で入館できる。

スペースはさほど広くはないが、展示物は充実している。秀吉や清正が生きた時代や尾張の戦国武将の歴史がわかりやすく絵や文章、模型で展示されている。一部レプリカではあるが、秀吉に関する資料は、大阪城天守閣と双璧である。季節ごとに趣向をこらした特別展が開催されているので、歴史ファンには人気が高い。

公園を散策しながら、秀吉や清正の史跡を巡ることができる中村公園。都心からも近く、子供づれの家族や歴史散策初心者には最適なコースではないだろうか。

（長屋良行）

【DATA】

◉名古屋市秀吉清正記念館／名古屋市中村区中村町茶ノ木25／10：00～17：00／休館：月曜・第3金曜日・年末年始／入館無料／052-411-0035

◉小牧市・犬山市

「小牧・長久手の戦い」合戦地を歩く 小牧編

小牧山歴史館

尾張の平定後、美濃を攻めあぐねていた信長だが永禄6年(1563)、ついに美濃取りに本腰を入れるべく清須より小牧山城に居を移した。何もない原野に信長が描いた都市計画は、常識を覆す最先端の城郭都市であった。

史跡小牧山

標高85・9mの小山に建てられた城は、その周囲に堀と土塁の惣構えを築き、城下町は井戸や下水道も完備された整然とした町割りであった。城に近い麓には上級家臣が、その周りに下級家臣が、そして南に向かって商工業者達が居を構えていた。

城は美濃方面の北側よりもむしろ南側に広がる城下町に向け、幾重にも石垣が積まれていたという。「土の城」が一般的であった時代に、初めて「石の城」が誕生したのである。当時の城下町に住む人々は、石の壁が連なる堅固な城を目の当たりにし腰を抜かしたに違いない。後に信長が築いた安土城の原型であるとも伝わる。

また、ここ小牧山は小牧・長久手の合戦の際に家康が本陣を構え、数週間にわたり羽柴軍との頭脳戦が展開された地でもある。そんな戦国の大舞台を存分に楽しんでみよう。

小牧山へ

駅前広場より西の方面へ、大型ショッ

ピングセンターも軒を連ねるにぎやかな市街地を進むと、ちょうど正面に小牧山を眺めることができる。その頂上にちょこんとあるのが小牧山城だ。

　およそ20分ほど歩くといくつか寺の建つ一帯に入る。とくに寺町ということでもないらしいが、よい雰囲気だ。寺の間を抜け合瀬《あいせ》川《がわ》をわたると小牧山の北側に出る。築城の際に、重臣たちの屋敷が集められた辺りだ。ちなみに屋敷の敷地は一辺およそ45m四方。敵に対峙する岐阜方面の北側を守った。

　さて小牧に居を移した信長は、最愛の側室吉乃《きつの》も麓の館に迎え入れた。しかし吉乃は病のため床に臥すようになり、信長の看病の甲斐なくここ小牧で没した(江南で没したという説もある)。その後度々、吉乃の住んだ麓の館を眺めながら目に涙を浮かべる信長の姿があったという。神をも恐れぬ男、信長の人間らしい一面を伝える逸話である。

戦国の遺構をめぐる

城の敷地の北側から登城すると芝生が美しい広場に入る。よく整備された公園だが、ここが小牧・長久手の合戦の際に家康がつくらせた城の遺構なのだ。

　時は天正12年（1584）、信長亡きあとの天下の攻防、小牧・長久手の合戦。北の犬山城を本陣とする羽柴秀吉に対峙する徳川家康。八幡林《はちまんばやし》の戦いで秀吉軍を敗走させた家康は、ここ小牧山に本陣を構えた。両雄一歩も引かぬにらみ合いが続くなか、家康は小牧山の麓を二重にめぐる土塁を積み上げ、小牧山城を陣城として堅固な要塞に仕立て上げたのだ。

　合戦が終結し、実戦では勝利をおさめながらも、狡猾な羽柴秀吉に天下を譲った家康。その胸中はどのようであったか。のちに徳川家が天下を掌握すると、この地を保護し一般人の立ち入りを禁じたため、江戸の平和な時代には草が生い茂る荒地になっていたという。しかしそのおかげで遺構がよく残された。

　現在は土塁にあわせ曲輪《くるわ》が再現され、遊歩道で歩いてめぐることができる。敷地の東には城の出入りを厳重に監視する虎口《こぐち》と呼ばれる城門跡がそのままの形で残り、壕沿いに南側の道路に出ると、敵の侵入を阻止するため高く盛られた土塁が残る。

　公園内には頂上まで遊歩道があり、ウオーキングに励む人の姿を見かける。木々に囲まれたゆるい坂道に気持ちのよい汗が流せそうだ。

　昭和42年に再建された模擬天守は歴史館として営業しており、合戦の様子を伝える絵図や甲冑などが展示されている。最上階からは北の犬山方面、南の尾張方面を一望でき、合戦の臨場感をかきたてる。羽柴軍の前線基地が置かれた、岩崎山砦、楽田城址、青塚砦跡はここからたったの5〜7㎞ほど、目と鼻の先だ。羽柴軍の中入り作戦の情報を掴んだ家康は、羽柴軍後発隊を追ってここから名古屋の古出来あたりを抜け、夜道を進軍したという。

上／土塁断面展示施設
中／岩崎山砦跡　下／五枚岩

羽柴軍の陣へ向かう

　さて、小牧山城で天守の眺めを満喫したら、今度は犬山方面、羽柴軍の陣へ向かおう。旧木曽街道をいくのもよいが少し遠回りになるので、西源寺の交差点を北に折れ市民会館を通り北方面へ向かう。交通量の多い通りなので注意しながらひたすら北上。５㎞以上はあるので疲れたら途中のレストランで休憩するのもよいだろう。

　コメダ珈琲小牧岩崎店の辺りまで来ると、右手前方に小高い森が見える。そこが岩崎砦跡である。まずは熊野神社へ参拝。神社の境内にある五枚岩は一枚岩が風化により5枚に削れたもので、天然記念物に指定されている。この岩山から採れる花崗岩は名古屋城の石垣にも使われており、よく探すと切り出した跡が見つかるそうだ。

　ここには小牧・長久手の合戦の折、秀吉方の武将である稲葉一鉄が4000の兵を従え布陣した。ちょうど熊野神社と、頂上の展望台辺りに砦が築かれていたようだ。東側に流れる水路は、一説によると小牧・長久手の合戦の際に掘削されたもので、伝令の通る道として使われていたとか。なるほど戦国の世にふさわしい逸話である。

　余力があればぜひ青塚砦にも立ち寄ってほしい。青塚砦跡は4世紀ごろにつくられた古墳で、当時としては最大級の前方後円墳といわれる。そしてここには、長久手で散った羽柴軍森長可《もりながよし》が陣を構えた。発掘調査では合戦当時の鍋が出土し、また古墳の土に焼けた跡が確認されたことから、おそらく兵士の食事をまかなった跡だろうともいわれている。生々しい話だ。

上／楽田城址
中／八幡林古戦場・野呂塚
下／羽黒城址

楽田城址・羽黒城址へ

　青塚砦跡から西に3～4kmで名鉄楽田駅に着くが、そのすぐ南側にある楽田小学校の片隅に楽田城址の碑が立っている。ここには羽柴軍の堀秀政《ひでまさ》が布陣し、秀吉が本陣を移した場所だ。城跡としては現在の小学校校庭よりも3・8m高く土が盛られ固められた上に殿守があり、2階建て8畳敷きの望楼の周囲に矢を立て並べていたという。

　じりじりと南下の機会をうかがう秀吉に対し、小牧にどっかと腰を下ろした家康。戦国の世の緊迫した空気がしのばれる。

　さらに北の名鉄羽黒駅周辺には、小牧・長久手の合戦の前哨戦となった八幡林古戦場・野呂塚があり、羽柴軍の砦である羽黒城址も近い。そしてその先には秀吉本陣の犬山城が間近だ。踏破するには相当な距離だが、地ビールとバイキングが楽しめるレストラン、犬山ローレライ麦酒館で駅までの送迎をお願いしながら名鉄電車を乗りつぐ戦国ツアーもぜひお勧めだ。

　ちなみにローレライ麦酒館の地酒〝犬山城主おすすめの美酒コユミツル〟は、歴史愛好家にとって見逃せない逸品ではないだろうか。（田中千奈）

【DATA】

◉小牧市歴史館
愛知県小牧市堀の内1-1／9:00～16:30（入館は16:15まで）／大人100円、小人30円（小人は土・日・祝日無料）／木曜日（祝日の場合は翌日）、12/29～1/3休館／0568-72-0712

岩崎城

○愛知郡長久手町

「小牧・長久手の戦い」合戦地を歩く

長久手編

羽柴秀吉と徳川家康が生涯に一度だけ直接対決した激戦地、それが長久手だ。信長亡き後の天下をめぐる攻防、小牧・長久手の合戦。秀吉率いる羽柴軍と家康率いる織田・徳川連合軍。両雄一歩も引かぬ頭脳戦が展開される中、最初に動いたのは羽柴軍、家康不在の岡崎を攻めるいわゆる〝中入り〟作戦である。岡崎へ進む羽柴軍を足止めし、家康に勝機を与えた岩崎城の戦い。その数時間後に始まる長久手の大激戦では、猛将たちがこの地に散った。尾張藩士をはじめ多くの藩士に敬われてきた地、岩崎から長久手をめぐろう。

名鉄バス岩崎御岳口でバスを降り岩崎の交差点に出ると、左手前方に白壁の美しい天守が目に入る。交差点を左折し城を右手に見ながら進むと岩崎城址公園の入り口だ。駐車場を抜けると右手には高い石垣が続く。

街道を取り込み栄えた城

天正12年（1584）4月9日未明、密かに南下していた羽柴軍の先鋒池田恒興《つねおき》、次鋒の森長可《ながよし》は岩崎城を迂回。しかし城内から射かけられる弓、鉄砲の挑発にのった池田・森隊は、総勢1万を超える軍勢で総攻撃をしかけ城を包囲。留守を守る城主丹羽氏次《うじつぐ》の弟、若干16歳の氏重《うじしげ》は僅か300の城兵で最後の一人まで粘りに粘り、孤軍奮闘の戦いをみせるも岩崎城は陥落。しかしこの命を懸けた戦いが家康に勝利のきっかけをもたらすのである。

城下に街道を取り込み繁栄した岩崎城は、壕、曲輪、土橋、井戸など貴重な遺構が手つかずに残される。再建された天守は資料館として営業しており、休日には甲冑の試着体験もありお勧めだ。

樹齢400年の臥竜の松

さて岩崎城から東へ、天白川の支流を渡り左手に入ると妙仙寺《みょうせんじ》だ。不許葷酒入山門と書かれた結界石の奥にどっしりと美しい楼門がある。建築は寛政5年（1793）、以来再度の改修が施され現在に至る。屋根瓦の細工や天井に描かれた赤穂四十七士の姿はこの楼門の美しさを引き立てる。

妙仙寺　臥龍の松

境内に入ると巨大な松の枝が道に覆いかぶさっている。樹齢400年といわれる臥龍《がりゅう》の松《まつ》だ。龍がからだを臥《ふし》ている姿にたとえられ、その名がついた。また、境内には丹羽氏の菩提寺として、氏重の墓が残されている。岩崎の戦いの際には、この妙仙寺に婦女子をかくまったとされ、合戦直前に和尚が差し入れた梅干は、緊張した城兵の渇きを潤し大変喜ばれたという。一説にはこの妙仙寺境内から場内に通じる抜け穴があったそうだ。

さて、岩崎での戦いを終えた池田・森隊は、妙仙寺の西、六坊山で休息を取っていた。そこに飛び込んだのは「家康、長久手に現る」と思いもよらぬ一報。徳川軍の奇襲により壊滅的な打撃を受けた三好隊は敗走。池田・森の両隊はさっそく長久手に取って返し、激戦に身を投じることになるのである。

妙仙寺から長久手へ、県道233号に入り、およそ3・5kmの道を北上、北新町の交差点を左手に入ると前方にある口論議《こうろんぎ》運動公園には、広大な敷地に各種スポーツ施設があり、お弁当を広げるのもよいだろう。

口論議公園を北に進むと、リニモ長久手古戦場駅だ。

古戦場と名がつく駅は全国でも非常にめずらしいという。まずはリニモ駅のすぐ北にある長久手の激戦区、古戦場公園へ向かおう。

公園内にある長久手郷土資料室では、小牧・長久手合戦の様子がジオラマで展示されている。合戦当時、この辺りは沼地であり、周到に布陣した徳川軍に対し、池田・森隊は悪条件の中で戦わざるをえなかったという。

公園敷地の北には、自ら槍を取り戦ったという池田恒興の討死地が勝入塚として、また、公園南には長男庄九《しょうく》郎《ろう》の討死地といわれる庄九郎塚が残されており、今でも多くの人が訪れる。

庄九郎塚から公園を出て西に少し進むと、井伊隊300丁の鉄砲が火を噴く銃撃のなか、果敢に突進した森長可が眉間に銃弾を受け絶命した地、武蔵塚が立つ。

この古戦場エリアは長久手町が策定したウオーキングコースがあり、目印が立てられているので参考にされたい。

武士たちの血で染まったという池

古戦場公園西側の駐車場の角を西へ向かうと血の池公園だ。

血の池とはその名の通り、戦火に流れた大量の血で池が真っ赤に染まったのだ

上／勝入塚
中／血の池公園
下／鎧掛けの松

と伝わる。その後、毎年合戦のおこなわれた日には、池の水が赤く染まったという。公園の片隅に残る鎧掛《よろいかけ》の松《まつ》は、池のほとりの松に兵士が脱いだ鎧を掛け、武具を洗ったことからそう呼ばれるようになった。ちなみに今の松は三代目だそうだ。

そこからもう少し西へ進むと長久手城址だ。城主加藤忠景は丹羽氏重の叔父にあたり、氏重とともに岩崎城で討死。一説には岩崎での戦いの指揮を執っていたのは、この忠景であったともいわれる。後年、加藤氏末裔の尾張藩士により碑が立てられた。

戦死者を弔った雲山和尚《うんざん》

長久手城址から県道60号線に出て、北東を仰ぐと、こんもりと見える小高い山がある。家康が兵卒3300を従え本陣を敷いた御旗山だ。日の光に輝いた金扇の馬印が押し上がる様子は、そこから南方に陣を構えていた池田庄九郎隊を裏崩れさせたという。

急な階段を山頂まで上がると神社が祀られている。最近までは毎年秋に馬の塔《オマント》が奉納され、祠の立つ山頂付近まで馬が駆け上がる勇壮な姿が見られたそうだ。

御旗山の東、長久手町役場を過ぎておよそ1・5㎞ほどにある左手の山が、家康が最初に入り軍議をおこなった色金山だ。色金山の麓にある安昌寺《あんしょうじ》は合戦当時からこの地にあり、この寺を開山したといわれる雲山和尚は合戦が収束した後、おびただしい戦死者の躯を手厚く葬ったという。また、敵将であった池田親子と森長可の供養もおこない、寺には位牌が残されている。

安昌寺山門のちょうど正面に続く細い道を入り、古い常夜灯や石標を見ながら民家の間を抜け最初の道を右折し少し行くと、雲山和尚が合戦の戦死者を弔った首塚が祀られている。

上／御旗山
下／色金山

歴史公園でしばし武将気分

さて安昌寺に戻り、お墓の脇にある細い道を抜け山側へ入ると、色金山歴史公園だ。さっそく展望テラスへ上がろう。よく整備された気持ちのよい公園には、散歩を楽しむ人の姿も多い。

赤備えの井伊隊を前衛に小幡城《おばた》を出陣した家康は、夜明けごろ色金山に到着。山頂の巨石、床机石《しょうぎ》に腰掛け軍議をおこなったと伝わる。両軍が激突必至の状況で、家康の目に映った景色はいかなるものか。

公園の展望テラスからは、南西方面の主戦場が一望できる。家康が陣を移した御旗山も間近だ。激戦を繰り広げた岩崎城から響き渡る銃声は、この地まで轟いただろうか。岩崎からの道中を思い、しばし戦国武将の気分に浸るのも、またお勧めだ。（田中千奈）

◎豊田市

徳川家の祖・松平氏700年の領地『松平郷』を歩く

松平城址への道

豊田市街からバスでおよそ15分、山を抜けると突然の別世界だ。吹き渡る風がすがすがしい山間の小さな集落がある。徳川家の祖、松平氏発祥の里「松平郷」である。

今からおよそ700年前、後宇多天皇に仕えた在原信盛がこの地に館を構え松平太郎左衛門を名乗り、里の歴史が始まったといわれる。信盛の嫡男信重はこの地域を訪れた遊行僧の徳阿弥《とくあみ》（親氏）を娘婿に迎え、松平家はこの地一帯を治めるまでに発展する。

この徳阿弥こそが松平家始祖、天下人徳川家康の祖先である。三代信光の時代、松平宗家は岡崎に移る。のちの家康の祖父清康は小柄だが勇猛で慈悲深い逸材といわれ、東三河国人衆を次々に傘下に治

め三河国を統一。尾張織田との激しい攻防を展開した。

ここ松平の地では松平信広がこの地に残り松平太郎左衛門を継承、親氏《ちかうじ》の直系「御称号の旧地」を守る役目として、江戸時代には大名家と並び参勤交代をおこなう旗本交代寄合に列せられた。その後、この松平太郎左衛門家は、数世紀を経て明治までこの地に続く。現在この里は国史跡に指定され、松平園地として散策路が整備されている。

松平家の居館跡へ

バスを降りるとすぐに松平郷の文字が目に入る。舗装されたなだらかな坂道を上り松平郷園地入口へ。無料駐車場の横には平屋建ての休憩所があり、靴を脱いで休むことができる。松平東照宮はそのすぐ先、もともとは八幡宮と呼ばれていたが、元和5年（1619）に七代尚栄《なおよし》が久能山より東照権現を合祀、昭和40年には松平家始祖親氏を合祀し松平神社と改称される。その後昭和58年に八幡神社松平東照宮に改められた。

八幡神社松平東照宮

この神社の境内が松平家の居館跡だ。松平太郎左衛門家は信盛以来の700年間、代々ここに居住した。苔むした趣のある石垣、堀は、関ヶ原で武功をあげた七代尚栄により築かれ、そのままの姿を今に残す。境内にある松平郷館には、松平家に伝わる宝物が展示され、土日に無料で開放されているのでぜひ観覧したい。

さて、本堂の右に抜ける道を進むと、産湯の井戸が祀られている。家康公誕生の際にもこの井戸の水が早馬で岡崎に運ばれた。今でも毎年新年には、お水とりの儀式が厳粛におこなわれる。この井戸の水が濁る年には必ず凶事が起きるため、吉兆を予言する霊泉であるといわれる。

　松平東照宮から水芭蕉が群生する沼を渡り石柱が並ぶ石畳の奥には、精悍ないでたちの松平親氏公の銅像が立ち、訪れる人を迎え入れる。わきの小道に沿って流れる小川には四季折々の花が植えられ、親氏と信重の娘の縁を取り持ったという菖蒲が美しい。

上／産湯の井戸
左／松平親氏の銅像
下／高月院

気品漂う高月院

　小道に沿って続く室町塀の坂道の先に、白壁が緑に映え美しい姿を見せる松平家の菩提寺、高月院が建つ。松平信重の庇護を受け創建。のちに親氏が寛立上人に深く帰依し阿弥陀仏を寄進し、松平家の菩提寺とすることを約束し、永和2年（1376）には本堂、山門、方丈、庫裏などを建造し高月院と改めた。風格と気品の漂う総門は、寛永18年（1641）の創建。

　石段を上がり山門を抜けると本堂が、右手には庫裏があり、その手前に家康お手植えのしだれ桜が立派な枝ぶりを見せ

家康お手植えのしだれ桜

る。左手には鐘楼と保存庫があり、その北、葵の紋が彫られた石門の奥が松平親氏の墓所となる。大きく育った木々が墓所の周りで日を遮り、昼間でもひんやりとした空気が漂う。

代々松平太郎左衛門が眠る松平家の墓所は、高月院を出て南に進んだ散策路の先にある。散策路を山の方面へ10分ほど進むと、展望台から豊田市街地が一望できる。気軽にハイキング気分を味わえる展望台までの散策路、時間のある方はぜひお試しあれ。

美しい棚田の先に松平城址

さて、ここから松平城址に向かおう。散策路の途中にある寅廻りと書かれた小さな標識を目印に、脇道に分け入る。道幅が狭く木々に閉ざされた脇道を5分ほど下ると目前に段田が広がる。美しい日本の原風景だ。そして段田の先に見える小高い山が、お城山と呼ばれる松平城址だ。あぜ道を抜け登城口にたどり着く。

この城は親氏の構築で、室町期の土豪クラスの典型的な山城の姿といわれる。標高298mの山頂に主郭、段階的に4つの曲輪が配置され、井戸跡や北東南に巡る横堀、櫓跡が残る。通常は平地の館に住み、戦時にはこの山城に立てこもり防戦した。要塞のような山城は陥落せず一族郎党を守りぬいた。

先ほど下ってきた寅廻りの道は、この松平城址を通り抜け根石峠に続く。この城郭を一周するだけでもかなりの上り下りがあり、ちょっとした登山気分が味わえるのもうれしい。

上／松平家墓所
下／松平城址

周囲を一望・大給城址

さて、この山城から西方面におよそ4kmのところに大給《おぎゅう》城《じょう》址がある。バスで通った道を豊田市方面へしばらく戻ると左手に立派な石造りの標識が目印だ。さあ、そこからまた登山が始まる。とはいえ道路は車も十分すれ違えるほどの舗装された道なので歩きやすい。

しばらく進むと登城口が右手に見えてくる。ここからは山道だ。木々が鬱そうとしているが、整備されているので歩きやすい。所々に敷かれた石の階段は後年のものだろうか。看板には縄張図や遺構がわかりやすく表示されているので、気をつけていれば迷うこともなさそうだ。

大給城で必見なのは城北面の水ノ手曲

上／大給城址からの眺め
右／水ノ手曲輪

輪といわれる曲輪だ。これは水堀と水利、両方の役割を果たす、とても珍しい濠なのだそうだ。また、頂上付近の巨石からは周囲の山々を一望でき心を奪われる。紅葉の季節には隠れた名所になりそうだ。

　そもそも大給城は土地の豪族の居城だったが、岡崎に移った松平三代目信光がここを攻め落とし、その子松平親忠《ちかただ》に与えた城だとされる。城下の九久平《くぎゅうだいら》は当時、足助街道と新城街道が交わる地であり、水運と陸上運輸の交通の要衝地であったため、この地方を押さえるにはまずこの城を獲れというわけだ。城郭として整備されたのは1507年〜1510年ごろ、信光の孫にあたる乗元《のりもと》とその子である松平乗正《のりまさ》によるものである。

　しかし、大給松平氏は周囲の松平氏族との抗争に敗れる。天正3年（1575）、ついに陥落し城は放棄されたが、その後、大名となり明治まで家を残す。初代大給松平氏となった乗元は大給城から続く尾根の東端に、自ら築城した城跡と共に眠っている。

　美しく清廉な空気が流れる、武家の棟梁の里。山から吹き抜ける心地よい風を頬に受けながら、松平700年間の時の流れに思いを馳せてはいかがだろうか。

（田中千奈）

●岡崎市

家康ゆかりの地を歩く

岡崎公園

徳川家康は、幼い頃から駿府の今川義元のもとで人質生活を強いられる。しかし、桶狭間の戦いで義元が討ち死にすると、今川支配から離れ、三河の統一へと兵を進めていく……。家康が生まれた岡崎城や祖父清康・父広忠ゆかりの場所、歴代将軍の位牌が納められている大樹寺など、徳川発祥の地・岡崎に残る貴重な史跡を訪ねてみよう。

岡崎城

家康の生年月日は、はっきりとわかっている。天文11年（1542）12月26日。松平広忠と於大《おだい》の嫡子として、岡崎城で産声を上げた。幼名・竹千代は、3歳で母の離縁、6歳で織田家の人質に、8歳で今川家の人質となるという我慢の人生を強いられる。元服して元康《もとやす》となり、瀬名姫と結婚し長男信康《のぶやす》誕生。桶狭間で今川義元《よしもと》が織田軍に討たれると岡崎に戻り、はじめて大名として独立することとなる。すでに19歳になっていた。

家康にとっての岡崎は、離れてなお忘れえぬ地であり、かえって留守を預かる家臣団との強固な結びつきを生むことになったところ。そして、織田信長と同盟を結び、天下取りに参戦していくスタートの地となったのである。

家康生誕の城

名鉄名古屋本線東岡崎駅南口から徒歩5分、家康の産土神として崇敬の篤い六所神社から、史跡めぐりをはじめよう。

5万石以上の大名だけが参拝を許されたという急な石段を上ると、待ち受ける

上／東照公産湯の井戸
右／六所神社

権現造りの絢爛豪華な楼門に圧倒される。ここから境内に入ると、本殿・幣殿・拝殿・神供所があり、楼門とともに国の重要文化財に指定されている。とくに江戸初期の極彩建築である本殿はすばらしい。これら社殿は家康公によって造営され、その後三代将軍家光、四代将軍家綱により改築や修復がおこなわれた。拝殿左手には、家康の手形が刻まれた石碑がある。

駅に戻って、今度は線路を北に跨ぐ。東海道に出てしばらく歩くと、岡崎公園の入口「大手門」がある。園内に入るとまず目に入るのが、家康公と三河武士たちに関する資料を展示する三河武士のやかた家康館。家康ゆかりの地をめぐるための予備知識を得るには最適な場所なので、ここはぜひとも見学したい。家康館の前には、鹿角脇立兜をかぶり、蜻蛉切の槍を手にした本多平八郎忠勝公銅像が鎮座している。

二の丸能楽堂の横を通って進むと、右手に東照公産湯の井戸がある。家康が城

【DATA】

◉岡崎城／三河武士のやかた家康館
岡崎市康生町 561 ／ 9:00 ～ 17:00 （入館は 16:30 まで）／ 12/29 ～ 1/1 休館／大人 500 円（共通券）／ 0564-22-2122

内で産まれたとき、産湯を汲んだと伝えられる井戸である。さらに進んで、家康のへその緒を埋めたという東照公えな塚の手前の坂を上ったところが岡崎城だ。明大寺に西郷頼嗣《よりつぐ》が築城、享禄4年（1531）松平清康がここに移した。現在の天守は昭和33年に再建されたもので、歴史資料館と展望台になっている。

　天守に隣接する龍城神社を通って降りていくと、茶屋がある。食事時ならば、ぜひ八丁味噌の田楽や味噌かつを味わっていただきたい。ちなみに、岡崎城から西へ八丁はなれた八丁村が八丁味噌の発祥地で、長期保存できることから三河武士の兵糧として重用され、家康の江戸開府とともに関東へ、さらに参勤交代により全国に知られるようになったという。

清康、広忠の悲劇

　岡崎公園を後にして、東に歩く。伝馬交番南東の信号を東に折れて1本目の道を北に入ると、美しい白土壁に囲われた石段の奥に随念寺の楼門が見えてくる。家康が祖父清康とその妹お久の菩提を弔うために建てた寺だ。いわゆる「守山崩れ」で、家臣の安部弥《や》七朗《しちろう》に惨殺された清康の遺骸は、ここで荼毘にふされ墓が建てられた。また、生母於大が離縁された後、岡崎に残された竹千代を養育したお久も、遺言によりここに葬られたという。なお、本堂裏手にある廟所の見学には問い合わせが必要だ。

　また北に歩く。能見町バス停を越えた

上／随念寺
下／伊賀八幡宮

ところの道を左へ入ると、商店街のアーケードの向こうに松応寺《しょうおうじ》がある。

　家康の父広忠もまた家臣の岩松八弥《はちや》に刺殺され（異説あり）、遺骸は能見の月光院に密葬される。家康は今川の人質として熱田から駿府へ向かう途中、父の墓に参り、松平家の繁栄を願い、そこに１本の小さな松を植えた。桶狭間の戦いの後、岡崎城に帰った家康は、ふたたびこの地を訪れる。松の成長と自分が三河に戻れたことを喜び、広忠の墓の近くに寺を建立し、松応寺と名づけたのである。しかし後に寺は荒廃、本堂は再建されたものの、平成３年には手植えの松は枯死してしまった。

三方ヶ原敗戦の原因？

　県道をさらに北へ。伊賀橋を渡って、川沿いの道を左へ歩くと伊賀八幡宮の石鳥居に出る。蓮池にかかる石橋を渡ると随神門だ。境内に進むと、拝殿・幣殿・本殿が連なる。松平四代親忠《ちかただ》が伊賀国より移築したのがはじまりで、家康が本殿を建立した。ほとんどが国の重要文化財になっている。

　家康は出陣の際にはかならずここで祈願することを習わしとしており、関ヶ原の戦いや大坂の陣のときには、神殿が鳴動、鳥居が動いたという。しかし三方ヶ原の戦いの時だけは参拝できず、その結果、生涯ただ一度の敗戦となったのだ。

　大樹寺の寺仏堂を起源とする西方寺はさらに北に位置する。ここには、今川方の家康が桶狭間の戦いに敗れ大樹寺に逃げ込んだ際、家康を守るために追っ手の織田方と戦い倒れた僧侶たちを葬った大衆塚がある。

歴代将軍の等身大の位牌

　大樹寺３丁目の信号を右折すると、左手に塔が見える。今回最後の目的地大樹寺。文明７年（１４６７）松平四代親忠が、勢誉《せいよ》愚《ぐ》底上人《ていしょうにん》を開山として創建した、松平家と徳川将軍家の菩提寺である。

　山門をくぐったら後ろを振り返ってみよう。境内から、山門、総門（現在は、道路をはさんだ大樹寺小学校の南門）をとおして、その中央に岡崎城が望める。これは、徳川三代家光が伽藍の造営をおこなう際、祖父の生誕地を望めるように配置し、その後も生活者が、視界を遮らないように配慮して建築することで守られてきた歴史ある眺望で、「ビスタライン」と呼ばれている。

　それでは本堂に参拝しよう。ここでま

大樹寺

ず、家康の人生観の確立と一代の窮地を救ったというエピソードの説明を受ける。桶狭間の敗戦で大樹寺に逃げ込んだ19歳の家康が、先祖の墓の前で自害する覚悟を示すと、十三代住職・登誉上人は「厭《えん》離《り》穢土《じょうど》、欣求《ごんぐ》浄土《じょうど》」この乱世を浄土にするのが役目であると訓し、翻意させた。また、寺を取り囲む追っ手の野武士を、寺僧の一人祖洞和尚《そどうおしょう》が門のカンヌキを引き抜いて戦い、退散せしめたという。

次に、襖絵などの文化財を観賞した後、位牌堂へと進む。ここには、教科書などでおなじみの家康公木像や、「位牌は三河大樹寺に祀るべきこと」という家康の遺言にもあるように、家康はじめ徳川歴代将軍の等身大の位牌が安置されている。先にふれたカンヌキも貫木神と命名され、ここに安置されている。

本堂を出て、境内へ。墓地の中を通って、北に行ったところに、松平八代の廟所がある。松平四代親忠が大樹寺創建のときに先祖三代の墓を移祭したのがはじまりで、二代将軍秀忠が、家康公1周忌に先祖松平八代の廟所を再建したもの。昭和44年には、岡崎市民により家康公の遺品を納めた墓と顕彰碑が建てられた。

南西角には、1層は方形、2層は円形の美しい多宝塔がある。天文4年（1532）松平清康が建立した、大樹寺の中でも最も古い建物だ。

上／松平八代の廟所
下／多宝塔

家康行列

毎年4月上旬、岡崎に春を告げる家康行列がおこなわれる。家康をはじめ約1000名の武者や7頭の騎馬が市内を練り歩き、観客から喝采をあびる。家康のふるさと、家康を愛する街ならでは光景だ。

この季節にあわせて、家康ゆかりの地を巡ってみるのも一興だろう。

（水崎薫）

◉岡崎市

三河武士のふるさとを歩く

大久保彦左衛門が記した『三河物語』にその語源があるとされる三河武士。彼らの子孫はやがて徳川家康の家臣団となり、天下取りに大きな役割を果たした。後に天下に知られる大大名の発祥地がずらりと並ぶ国道２４８号線。他に類を見ない〝英傑街道〟をたどりながら、三河武士のルーツを探ってみよう。

三河武士のやかた家康館

豊田市からくる国道２４８号線が、葵大橋を渡って岡崎市に入るとすぐに、「細川」「仁木」の信号を通る。この２つの町は、かつての細川郷、仁木郷にあたる。さらに南下すると、岩津町（酒井氏）、西蔵前町（本多氏）、百々町（青山氏）と続き、徳川家康が生まれた岡崎城の西を通って上和田町（大久保氏）の東に至る。のちに江戸の大名家となる三河武士たちの発祥地がここに集中しているのだ。

それにはいったいどういうわけがあるのだろう。

三河武士のルーツとは

三河武士のルーツについて知識を得るのにうってつけの場所がある。岡崎公園内にある三河武士のやかた家康館だ。家康と三河武士たちに関する数々の資料が充実した資料館で、地階の展示では、三河の風土の紹介からはじまって、関ヶ原の決戦まで、わかりやすく説明されている。

そもそもは、中世の源頼朝と足利尊氏の政権樹立過程で、三河が重要な拠点とされたことによる。とくに、尊氏がこの地で兵を集めたとき、それに応じて活躍し栄達をとげたのである。かれらの子孫が戦国時代において家康の家臣団となり、天下取りに大きな役割を果たすことになったのだ。三河は、尊氏と家康、２人

【DATA】
◉岡崎城／三河武士のやかた家康館
岡崎市康生町561／9:00～17:00（入館は16:30まで）／12/29～1/1休館／大人500円（共通券）／0564-22-2122

の将軍を生んだ場所といえるのである。

細川氏と酒井氏

　奥殿陣屋行きの名鉄バスに乗って三菱整備学校前で下車、国道２４８を北に歩く。矢作川に架かる葵大橋の手前、「細川」の信号に近づくと、左手の民家の横の土壇に立つ石碑が見える。ここが細川氏の発祥地（細川御前田城址）だ。

　鎌倉時代、幕府の有力武士であった足利義氏が、承久の乱鎮圧に功績をあげ、三河守護になったことから、足利氏とその一族が三河に所領を持ち住み着く。そのうちの一人義季《よしすえ》は、細川の地に配され、細川氏を名乗るようになった。他に、同じ額田郡では仁木氏、幡豆郡では今川・吉良・一色の各氏が有名である。

　碑には細川氏の居館・御前田城址と刻まれているが、とくに遺構はなにも残っていない。

　ここから国道に沿って南下していく。もう一度バスを利用して岩津《いわづ》天神《てんじん》口へ。学問の守り神、厄除けで知られる岩津天満宮への案内に従って東へと入ると、途中、鳥居の前で道が２本に分かれる。右の道を先に進むと、正面に岩津小学校が見えてくる。

細川氏の発祥地

　左手には、保育園、その奥に信光明寺がある。岩津城主松平三代目信光が、祖父親氏《ちかうじ》、父泰親《やすちか》の菩提を弔うために建立した徳川将軍家ゆかりの名刹で、墓所には松平三代（親氏・泰氏・信光）の墓がある。岩津城址はこの裏手にあたる。

上左／本多忠勝の生誕地
上右／酒井広親の石宝塔
右／青山氏の発祥地

徳川氏始祖の親氏には泰親の他にもうひとり子供があり、それが酒井氏の始祖広親《ひろちか》である。（後世、広親の長男氏忠の系統が左衛《さえ》門尉《もんのじょう》酒井氏、次男の家忠の系統が雅楽助《うたのかみ》酒井氏と呼ばれる）

岩津小学校の手前を右に折れ、民家の間の坂道を上っていくと、小高い丘の上に酒井広親の石宝塔がある。現地の案内板によれば、この石宝塔は市内で最も古い墓塔の一つで、これだけが信光明寺から離れたところに祀られているように思われるが、昔はこの辺りまでも寺領が広がっていたのではと考えられるという。

本多氏と青山氏

南に歩いて青木橋に出る。この橋の手前を川に沿って右に入り、すぐに左折すると本多平八郎忠勝の生誕地の碑がある。本多忠勝は、言わずと知れた徳川四天王の一人。本多氏は松平康親《やすちか》に仕えて以来代々殊功をあげるが、祖父忠豊《ただとよ》・父忠高《ただたか》の時代からこの地に居住し、忠勝もここで生まれた。桶狭間の戦いの前哨戦・大高城兵糧入れで初陣をかざる。

一言坂の戦では殿軍《しんがり》をつとめ、敵の武田方からも「家康に過ぎたるものは二つあり、唐のかしらに本多平八」と賞賛された。「ただ勝つのみ」という名前の由来にふさわしく、生涯57回の合戦に出陣したものの、一度も傷を負わなかったという。

本多忠勝

次は、東京の青山という地名の起源ともなった青山氏の発祥地。青山氏は、家康の父松平広忠に臣属し、このあたりの百々村《どうど》を領地としていた。一時今川の配下となるが、桶狭間で義元が死ぬと、元康（家康）に帰属。江戸時代には、丹波篠山、郡上八幡藩の藩主となった。青山氏代々の居城が百々《どうど》城《じょう》址。百々町字東側六番地の宅地の裏山がそれにあたり、中腹に墓碑と五輪塔が祀られている。宅地の横の道を少し入ってみると、城の石垣の一部が残っているのを見ることができる。

家康の家老酒井忠次

さらに進もう。「大樹寺一丁目」の交差点を越えて、一本目の道を東に入ると、井田公園のグラウンドがある。ここが井田野古戦場ということになっている。東側に隣接する高台が城山公園で、その北西角に井田城址の石碑がある。ここが、やはり徳川四天王の一人・酒井忠次《ただつぐ》の生誕地である。

酒井忠次は、酒井左衛門尉系の初代忠親の次男で、松平広忠に仕え、その妹碓井姫を娶《めと》った。その後、家康に幼い頃から使えて戦功をあげ、政治的にも手腕をふるい、石川数正《かずまさ》とともに家康の両家老と言われたことでも知られている。

上／酒井忠次の生誕地
下／大久保氏の吉祥地

「三河物語」の大久保彦左衛門

三河武士の語源は、「三河物語」にみられる「三河之者」「三河衆」からきていると言われている。その「三河物語」の作者として知られる大久保彦左衛門を生んだ「大久保氏の発祥地」を訪ねよう。

大久保氏は、下野国に勢力を誇っていた宇都宮氏の庶流である武茂《ぶも》氏からの分流、武茂泰藤《やすふじ》の頃、ここ三河の上和田に移り住んだとされている。大久保彦左衛門忠教《ただたか》も、永禄3年（1560）にこの地で生まれ、家康・秀忠・家光の三代に仕えている。

岡崎駅西口を出て北へ。「JR羽根ガード西」の信号から県道48号線を「上和田」交差点方向へ歩く。「和田橋西」信号から100mあたりに「大久保一族の発祥地」の看板と石碑が立っている。近くの民家の敷地には「和田城用心濠跡」の石碑があるのを見て取れる。

成瀬氏ほか

今回紹介しきれなかったところとして、犬山城主として知られる成瀬氏の発祥地（六名城址）、元忠が家康の側近として仕えた鳥居氏の発祥地（渡城址）、三代の将軍に仕えた利勝はじめ、子孫が古川・大野・刈谷城主になった土井氏の発祥地（土井城址）、さらに隣の豊田市になるが、徳川四天王の一人、榊原康政の生誕地（上の城址）がこのエリアにある。じっくり時間をかけ、三河武士のルーツを探して散策を楽しんでいただきたい。（水崎薫）

【column】

「文化のみち」は、尾張藩士の登城路

東御門跡

建中寺

文化のみち二葉館

名古屋城から徳川美術館に至るエリアは、近代化の歩みを伝える大正・昭和の建築遺産の宝庫だ。名古屋市は、この一帯を「文化のみち」と名づけ、散策路として整備している。実はこの「文化のみち」、視点を変えれば「尾張藩の武家屋敷跡」と呼ぶことができる。尾張藩士は、家老を含む上級クラスが、現在は官庁街になっている三の丸に住み、中級クラスが東区や中区に屋敷を構えた。大正時代に、名古屋経済界の大物や文化人が、この武家屋敷跡に集まったため、ハイソなムードが漂う一角となった。

数は少ないが、この散策路には先の戦災で焼失を免れた尾張徳川家ゆかりの史跡が残っている。「文化のみち」のスタートは名古屋城だ。石垣や天守、城下町を備えた近世城郭は、織田信長が築城した小牧山城から始まり、大坂の役の後に完成する名古屋城で完結する。名古屋城は、余計な虚飾や迷路を廃した、極めてシンプルな縄張である。それだけに城郭としての派手さは乏しいのだが、防御と攻撃という機能面においては、これ以上の城は存在しない。時間があれば外堀を1周し、焼失を免れた3つの隅櫓と城門を見ていただきたい。その大きさと美しさに息をのむことであろう。

さて、現在の明和高校付近が東御門跡である。中級・下級武士は、ここから登城した。そこから南へ下り主税《ちから》町筋を入る。清須越の際、野呂瀬主税という武士が、初めてこの筋に住んだため、そう名づけられた。1本北が白壁町筋、南が撞木《しゅもく》町筋。この3つの筋を合わせて「文化のみち」と呼んでいる。主税町には香楽、主税町長屋門など江戸時代の建物が残る。さらに進むと尾張徳川家の菩提寺・建中寺がある。本堂裏には県文化財の霊廟と歴代藩主の位牌が並ぶ。このコースのゴールは徳川美術館・徳川園・蓬左文庫。徳川美術館は、徳川家康の遺品をはじめ、国宝9件、重要文化財58件、収蔵品は1万数千件におよぶ。武家文化の美術館としては、日本一なのではないだろうか。徳川園は大名庭園跡である。(長屋良行)

香楽

主税町・長屋門

徳川美術館

●名古屋市中川区

前田利家・慶次ゆかりの「荒子」界隈を歩く

前田利家公初陣之像

金沢市に尾張町という城下町がある。ここは、天正11年（1583）に前田利家が金沢城に入城した際に、荒子《あらこ》の住人が移住してつくった町である。以来「荒子衆」と呼ばれ、前田家の側近として加賀藩の中枢を担った。金沢の町づくりが、尾張町を中心におこなわれたことを考えると、荒子町は〝金沢のふるさと〟と呼べる町かもしれない。

あおなみ線名古屋駅から約7分。荒子駅で下車すると、前田利家《としいえ》公初陣之像が出迎えてくれる。これは、平成19年に前田利家公顕彰会が、荒子の駅前ロータリーに建立した銅像で、少年期の利家（犬千代）像は全国でも珍しい。槍を手に勇ましく馬に乗る姿は「槍の又左」の面影をほうふつとさせる。本コースは、この初陣の像からスタートしたい。

さて、前田氏のゆかりの地をめぐる前に、見ておきたい場所がある。あおなみ線に沿って南に約500m歩くと、「小城町1丁目」の交差点に着く。ここに池田屋敷跡がある。池田とは、姫路城を築

上／池田屋敷跡
中／荒子観音寺
下／円空仏

城した江戸時代の西国大名・池田輝政の祖父・池田恒利の屋敷跡で、輝政の父で、長久手の戦いで戦死した池田恒興《つねおき》は、この地で生まれたといわれる。恒興の母は、織田信長の乳母でもあり、池田氏は、信長の側近として、清須、小牧、岐阜の城下へ居城を移していった。

1000体の円空仏

さて、小城町の交差点を右折すると荒子観音寺の山門が見えてくる。荒子観音寺は前田氏の菩提寺である。創建は、天平元年（729）と古く、前田利家も、天正4年（1576）に本堂を再建している。多宝塔は名古屋市内に現存する最古の木造建築物で高さは13m、江戸時代には、尾張四観音に指定された。昭和47年には、六角堂の木箱の中から1000体以上の円空仏が発見され話題となった。円空仏は、毎月第2土曜日に公開されている。

戦国一の傾奇者・前田慶次

古地図には、荒子観音寺から少し南に下った辺りに前田慶次《けいじ》の屋敷があったと記されている。絵地図のため正確な場所は確定できないが、荒子観音寺との位置関係から割り出すと、的場町付近だと思われる。前田慶次は、前田利家の義理の甥にあたり、戦国一の傾奇《かぶき》者と呼ばれ、自由奔放に生きた戦国武将として知られている。慶次は、滝川一益《かずます》の一族として生まれたが、荒子前田氏の養子となり荒子城で育った。その後、荒子を出奔し諸国を放浪し、晩年は上杉景勝《かげかつ》とその家老の直江兼続《かねつぐ》の知遇を得て、米沢藩の堂森で暮らした。そのほとんどは小説や漫画の創作であり、存在自体が疑問視されてきたが、実在したのは間違いないようだ。

前田利家初陣の図

前田利家の生誕地へ

次に、荒子観音寺から細い路地を通って荒子城址のある冨士権現天満宮へ。ここから先は、路上に標された犬千代ルートの案内マークが誘導してくれる。荒子

犬千代ルート

利家生誕の碑

城は、天文年間（1532～1555）に前田利家の父・利昌《としまさ》が築城し、荒子前田氏の居城とした。敷地内には前田利家生誕地の碑が建っているが、利家の生地は、荒子城ではなく、前田城であるといわれている。冨士権現天満宮は前田利家が勧請した社であり、荒子城の鎮守神であった。見学はできないが、利家が越前に移る際に残していった馬道具が保存されている。

　荒子城址から西へ向かうと荒子川に突き当たる。川沿いが遊歩道になっており、北上するとそこが宝珠院《ほうしゅいん》。境内の森は緑地保全地区に指定されており、五葉松の大樹が茂る。さらに、八熊通《やぐまどおり》を西に進むと名古屋の苔寺として知られる龍潭寺《りゅうたんじ》にたどり着く。庭一面に10種類のコケ類が茂り、古風な禅林の佇まいを残す。宝珠院も龍潭寺も、前田氏とはとくに関係はないが、散策ルートにある休憩地点として寄ってみてはいかがだろう。

上／宝珠院
下／龍潭寺

前田一族の本家

　八熊通をさらに西に進み庄内川を渡ると、そこは前田町だ。渡った橋も「新前田橋」といい、何やら前田氏とゆかりの深い土地であることが実感できる。橋を渡りすぐ右手に先が尖った建築物が見えてくる。前田城址に建つ前田速念寺《まえだそくねんじ》だ。尖った建物は、前田氏の烏帽子《えぼし》型の兜を表しているそうだ。ここが前田氏の本家である。速念寺の記録によると、前田利家はここで生まれ、幼少にして前田城の支城である荒子城へ移り、育ったという。速念寺は、利家の叔父の僧・意休が天台宗から浄土真宗に改宗して今日の礎を築いた。本尊の阿弥陀如来尊像は、利家が寄進したと伝えられている。（長屋良行）

上／前田氏の墓
下／前田速念寺

於大のみち

◉刈谷市～知多郡東浦町～阿久比町

家康の母・於大ゆかりの地を歩く

今川・織田勢力にはさまれた知多の小国城主の娘であった於大《おだい》。両家をめぐる策略に翻弄された波乱の人生をたどってみよう。

於大《おだい》の方《かた》は享禄元年（1528）、尾張国知多郡の豪族水野忠政《ただまさ》の娘として、その居城緒川《おがわ》城（東浦町緒川）で生まれた。母は於冨《おとみ》の方。忠政は三河国に進出し刈谷城（刈谷市）を築くと、当時三河で勢力をふるっていた松平清康《きよやす》の求めで、於冨を離縁して清康に嫁がせる。さらに松平氏との関係を強固にするため、於大を忠政の後を継いだ広《ひろ》忠《ただ》に嫁がせた。天文10年（1541）11月、於大は14歳、広忠は16歳だった。

於大

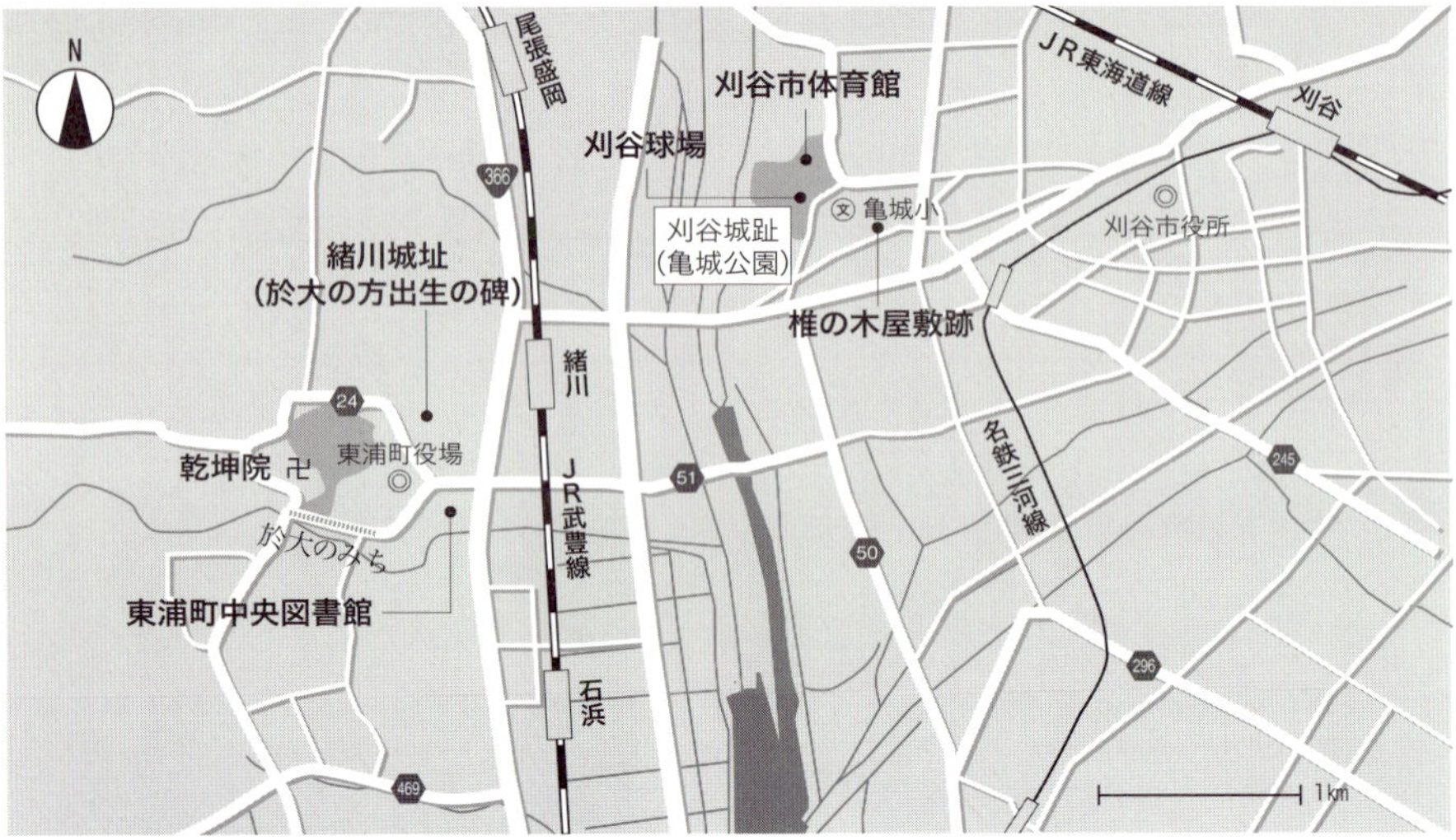

翌年於大は岡崎城内で男子を産む。幼名竹千代《たけちよ》、のちの家康である。広忠とともに鳳来寺の山堂に籠もり薬師如来に祈り続けて授かった嫡子だけに、その喜びはひとしおだったであろう。

　しかしその幸せは長くは続かなかった。忠政の死後水野家を継いだ於大の兄信元《のぶもと》が今川家から離れ織田家についたため、於大は今川家との関係を慮った広忠に離縁され、天文13年（1544）、於大は3歳の竹千代を岡崎に残して、刈谷に帰されたのである。

椎の木屋敷跡

亀城公園

失意の於大、椎の木屋敷へ

刈谷に戻った於大の方は、松平家忠《いえただ》から離縁された姉・於上の方とともに、刈谷城外の「椎の木屋敷」に移り住んだ。天文16年（1547）、阿久比《あぐい》城主・久松俊勝《としかつ》と再婚するまでの4年間、17歳から20歳の間だった。

　名鉄線刈谷市駅から徒歩十数分、住宅街の中にその屋敷跡がある。かつては椎の木が茂る閑静な場所で、五輪の塔や地蔵尊が立っていたといわれているが、現在遺構はなく、平成10年に東屋や座像のある庭園が整備され、市の指定史跡にもなっている。

　於大が育った刈谷城はここから400mくらいと近い。現在の亀城《きじょう》公園が刈谷城址で、本丸と二の丸の一部にあたる。池に囲まれた公園は桜の名所として知られており、高台部分は日本庭園として整備されている。南端の城町信号角に刈谷城址の石碑がある。

上／緒川城主三代の墓
下／伝通院於大出生地

歴史散策路「於大のみち」

次に於大の出生地・東浦《ひがしうら》町へ歩を進めよう。於大ゆかりの地めぐりコースの拠点となるのはＪＲ武豊線緒川《おがわ》駅。駅から緒川の旧道を南に下ると障戸橋に出る。その手前中央図書館から乾坤院《けんこんいん》まで続く明徳寺川の両岸約２㎞が「於大のみち」として整備された歴史散策路だ。

スタート地点は生い立ち広場と名づけられ、水野忠政・於上・於大を抱く於富などの石彫がある。コースの途中には於大の方が着用した夜着をモチーフにしたモニュメントがあり、左岸の路面には、於大の一生を紹介する円形の陶板が敷かれている（右岸では、東浦町の歴史を紹介）。沿道に植えられた４００本の八重桜が咲く４月下旬には於大まつりが開催され、於大行列が恒例となっている。

於大のみちの終点にある乾坤院は、初代緒川城主・貞守《さだもり》の庇護のもとに建立されたもので、緒川城から見て乾（北西）坤（南西）にあたるということから命名されたという。大通智勝如来を本尊とする曹洞宗の別格寺院である。

隣接する於大公園は12haの敷地を有する広大な公園。咲き誇る花を眺めながら休憩をするには最適だ。東端の高台には緒川城主三代の墓所がある。中央が初代・貞守、左が二代・賢正、右が三代・清忠だ。於大の父である四代・忠政の墓だけは、乾坤院山門の近くにつくられている。

公園の東出口を出て少し歩くと、住宅街の中の小山に於大の方が生まれた緒川城址がある。文明年間の貞守の築城以来約１３０年にわたって水野氏の居城だったが、慶長11年（１６０６）、水野分長が新城に移封となり廃城となった。資料としては、江戸時代に描かれた緒川村古城絵図が残っている。隣にある公園には、伝通院於大出生地の碑が建っている。

16年ぶりの再会

さて、兄信元のすすめで阿久比城主・久松俊勝と再婚することになった於大は、楞厳寺《りょうごんじ》で仏門に入り、心の整理をして刈谷を後にする。

一方、岡崎の竹千代の運命の歯車も動き出した。今川義元が西に勢力を伸ばしはじめると、刺激された織田信秀は三河に進出、岡崎を攻略しようとしているというわさが流れた。恐れた松平広忠は、義元に援助を求めた。これを受けた義元は、ひきかえに人質を要求。わずか6歳の竹千代が駿府に送られることになった。しかし、道中織田方の策略により尾張の熱田に送られ、信秀の人質となってしまったのである。

2年後、義元は岡崎の兵とともに、安祥城《あんしょうじょう》を攻め落とし、織田信秀の長男・信弘を人質にする。これにより、信弘と竹千代の人質交換の話がまとまり、竹千代は岡崎に戻されたものの、当初の約束どおり駿府に送られ、以後12年にわたる人質生活をしいられることになった──。

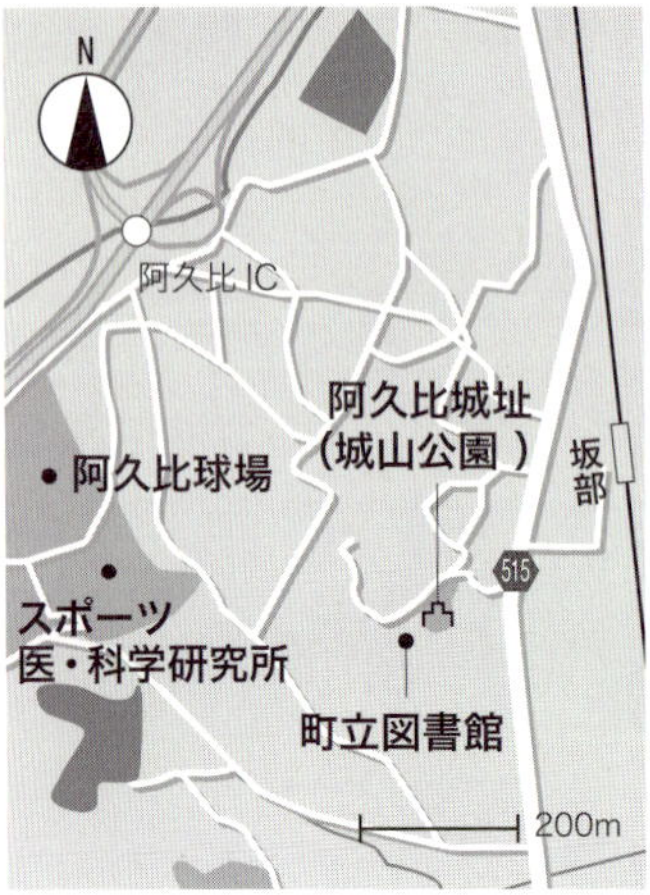

阿久比城址

於大ゆかりの地めぐりは、ここから阿久比町へ移る。徒歩での移動は無理なので、JRと名鉄を乗り継ぐことにしよう。

名鉄河和線坂部駅の改札を出たら、県道515号線を南へ150mほど歩く。洞雲院《とううんいん》（久松家の菩提寺で、於大の墓がある）の案内板を目印に細い道に入る。100mくらいのところを左に折れれば、城山公園の石碑がある。この公園と、その後ろにある町立図書館の敷地あたりが於大が暮した阿久比城址である。

久松家に嫁した於大は、俊勝につくし、3人の子の母になった。城山公園には小さな綿畑が残っているが、於大の方は城下の人々に綿の栽培をすすめ、自らも栽培に励んだという。当時の生活の一端が偲ばれる。

俊勝が城代として岡崎に移るまで、於大はここで15年を過ごした。その間、熱田や岡崎で人質となっている竹千代のことを気に掛け、手紙や衣類を贈り、励まし続けたという。そして永禄3年（1560）、元康となった家康は、今川義元の先方として桶狭間へ出陣する前に、阿久比城に立ち寄り、於大と16年ぶりの再会を果たしたのである。あの桶狭間の戦い2日前のことだった。

晩年の於大

桶狭間の戦いで今川義元が敗死すると、晴れて元康は岡崎に戻る。

天正10年（1582）久松俊勝逝去。天正16年（1588）於大は髪をおろし、伝通院と号する。元康が家康と改名し、初代江戸幕府将軍となると、於大は家康の生母として尊崇をうけた。そして、慶長7年（1602）京にのぼった於大は、伏見城にて病にかかり、そのまま生涯を閉じたのである。（水崎薫）

◉豊川市～豊橋市

希代の軍師・山本勘助ゆかりの地を歩く

武田信玄に仕えたとされる武将・山本勘助は実在したのか？　軍学書『甲陽軍鑑』にしか記述がみられず、架空の人物とも疑われている勘助だが、近年、その存在の確証につながる資料も発見されている。勘助が生まれたとされる三河賀茂（豊橋市）、青年期を過ごしたという三河牛久保（豊川市）を歩いてみよう。

山本勘助は、武田氏の戦略や戦術をまとめた軍学書『甲陽軍鑑《こうようぐんかん》』（江戸時代前期に成立）に登場する人物である。ただ、他の確実な文書には一切記述がなく、その存在自体が疑問視され、架空の人物ではないかという説が有力であった。しかし、昭和44年に北海道釧路市の市川家で、先祖伝来の古文書から「山本菅助」の名が記された書状が発見され注目されたが、勘助と同一人物とできるのかどうかは見解が分かれている。

生誕地については、『甲陽軍鑑』では三河国宝飯郡牛窪（愛知県豊川市牛久保町）とされていたが、江戸後期に成立した地誌『甲斐国志』によれば駿河国富士郡山本（静岡県富士宮市山本）で生まれ三河国牛窪に養子に入った記されている。そして、東三河郷土資料「牛窪密談記」に三河国八名郡加茂村（愛知県豊橋市加茂町）の名が出てくる。

確証につながる文書発見？

平成19年12月15日の「東愛知新聞」に、「勘助やはり豊橋加茂の出身」「子孫宅で古文書発見」という記事が載った。折りしもＮＨＫ大河ドラマ「風林火山」最終回放送の直前、勘助の子孫とされる豊橋市の山本さん方で、勘助に関する18世紀半ばの文書が見つかったというもので、中でも重要なのが現在も長野市にある大林寺僧侶による「山本氏碑文」。勘助の出自から武田家に仕官した経緯ほか、勘助の墓が旧墓のあった場所から現在地（長野市松代町）に移された経緯が記されているという。ほかに、墓移設にかかわった松代藩士の文書と、長野市の典厩寺《てんきゅうじ》が山本家に差し出した勘助二百回忌追善法要の執行に関する文書も見つかっている。郷土史家によれば、当時山本さんの祖先は加茂村に住んでおり、この3つの文書により、間接的ながら、勘助が賀茂村の山本家出身であることをかなりの程度まで証明できるとしている。

山本勘助生誕の碑

勘助の生誕地賀茂

この3つの文書を書き下し文にして展示している山本家の菩提寺・本願寺のある賀茂町から、勘助ゆかりの地めぐりを

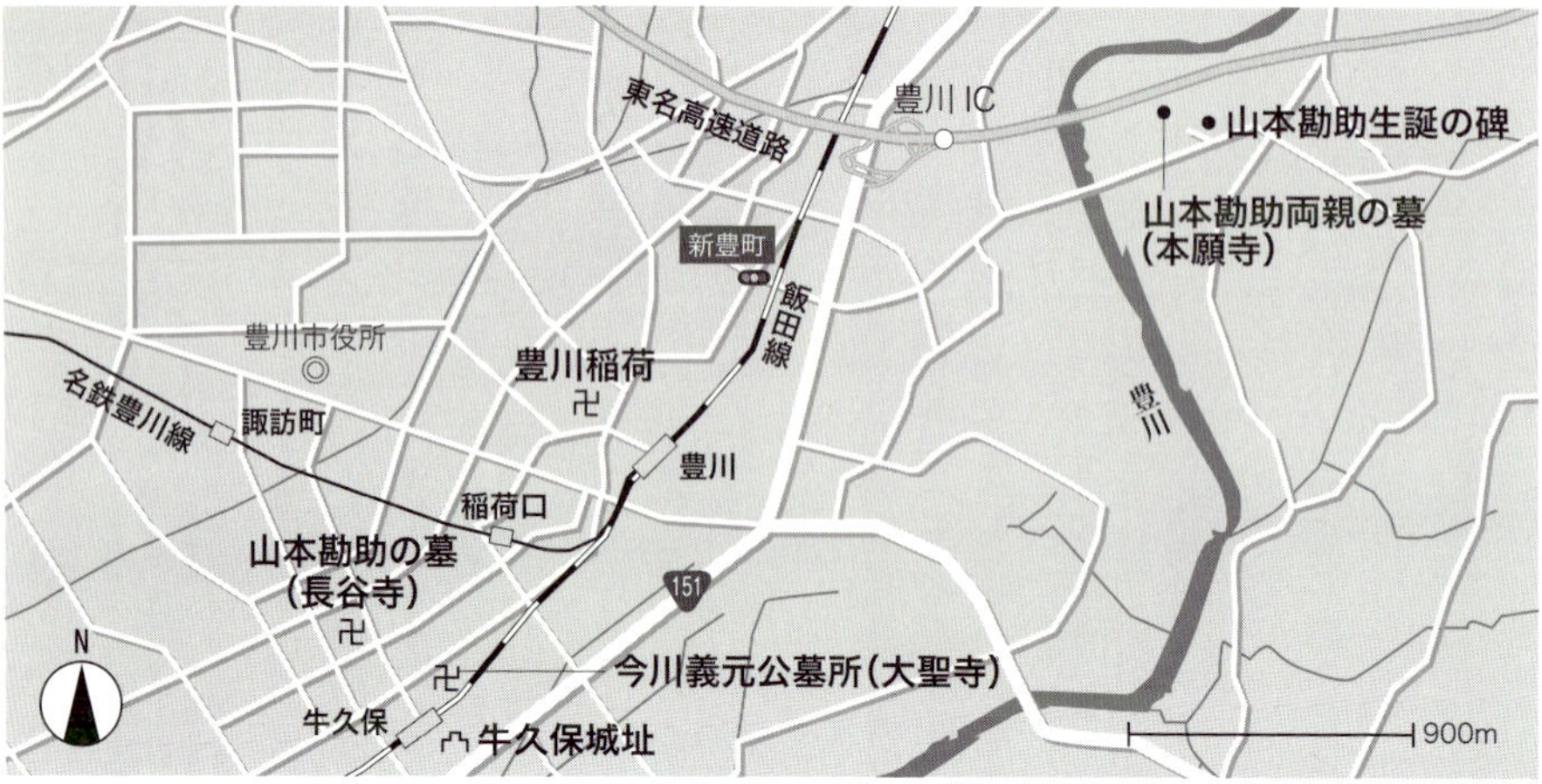

はじめよう。

JR飯田線豊川駅下車。駅から北東に進み、「新豊町」信号を右へ。そのまま真っ直ぐ進むと賀茂橋に出る。これを渡って集落に入り込んでいくと本願寺の入口に至る。

本願寺の創立は不明だが、元は天台宗の古刹だったと思われる。のちに曹洞宗寺院に改宗され、豊川妙厳寺《みょうごんじ》（豊川稲荷）の末寺となった。本尊は薬師如来像である。

門の入口にある説明をたよりに、本道横の墓地の中へ。もう国道に近い奥の方に山本勘助両親の墓がある。墓石の表面は磨耗していて判読しにくいが、横に新しい墓石が立てられている。そのそばには、後世に立てられたのであろう山本家歴代の墓があり、中央には勘助の法名「天徳院武山道鬼居士」の文字が刻まれている。

本堂の中に勘助ゆかりの品があるので、お寺の方に声をかけて中に上げていただきお話をうかがうといい。山本勘助の両親の位牌なども拝観させていただける。広間の一角には陶人形師・追平陶吉《おいひらとうきち》作の山本勘助の像があり、先に紹介した文書をはじめ各種資料の写しが展示されている。

本願寺の門を出て真っ直ぐ200mくらい歩くと、大正4年（1915）に愛知県が立てた山本勘助生誕の碑がある。立派な台座は最近新しくつくられたものだ。

この碑があるあたりは鶴巻という集落で、風除けのために高い槙の木が屋敷を取り囲んでいるのが特徴的。あたりを歩いてみると、まるで迷路に迷い込んだような気分になるかもしれない。

青年期を過ごした牛久保

JR飯田線で、牛久保に場所を移そう。豊川からわずか2分だ。

駅のプラットホームに降りると、すぐ東に牛久保城址が見える。牛久保城は、享禄2年（1529）一色城主・牧野成《しげ》勝《かつ》が築城。当時は二重の堀を持ち、町割を定めた城下町がつくられていたという。

現在、城の遺構などはなく、碑があるの

みだ。ただ、周辺に「大手」「城跡」「城下」などの地名が残っている。

明応9年（1500）八名郡加茂村（豊橋市加茂町）の山本籐七郎光幸の三男として生まれた勘助（幼名源助）は、15歳の時に、牛久保城主牧野氏の家臣・大林勘左衛門貞次の養子となり、名を大林勘助貞幸と改める。勘助はこの城下で青春時代を過ごしたのであろう。

その後の勘助を追ってみる。

25歳になった勘助は、武者修行に出る。高野山で「摩利支天像」を授かり、これをお守りとして、四国・九州・山陽・山陰を巡遊し、毛利氏・尼子氏に仕える。修行は10年続き、その間に全身に75カ所の傷を負ったという。

35歳。勘助は大林家に帰るが、男子が生まれていたため縁を切り、山本の姓に戻る。そして今度は、東関東方面に修行に出る。背が低くく、すが目で、体の各所に負傷しており手足が不自由なうえに、色が黒いというみにくい男であったため、訪問した武将につぎつぎと断られたが、最後に武田信玄に仕えることができたのである。

勘助の異形を嫌い召抱えようとしなかった一人に、駿河の今川義元がいる。牛久保駅の東の線路沿いに、この今川義元公の墓所のある大聖寺がある。永禄3年（1560）、桶狭間の戦いで織田信長に討たれた義元の胴体は、家臣によりこの地に運ばれ、大聖寺の境内に葬られという。また、一色城主・一色刑部少輔の墓もこの隣にある。

勘助が眠る寺

武田信玄に仕えた勘助は、軍略に秀でただけでなく、築城術にも優れ、海津城・高遠城・小諸城を修改築する。徐々に信玄の片腕となり、武田二十四将の一人になった。川中島の合戦がはじまると、何度も素晴らしい作戦を立てたが、永禄4年（1561）第四次川中島の合戦「八幡原《はちまんばら》決戦」で、軍を2つに分けて後方から敵を攻めるキツツキ戦法を提案するが、上杉軍にみやぶられ窮地に立つ。責任を感じた勘助は、敵陣に飛び込み討ち死にする。

山本勘助の墓

駅から北西へ延びる道を行く。（途中、「常盤」の信号を越えてすぐ右側に勘助の養父・大林勘左衛門屋敷跡がある）「寺町」の信号を過ぎると、左手に「長谷寺」がある。勘助が眠る寺だ。山本勘助の墓は本堂の裏にある。

勘助は甲斐に出かける前に、世話になったこの長谷寺に念宗和尚を訪ねる。仏門に祈りを込めて髪を切り、摩利支天とともに和尚に託したのだ。

川中島での勘助の死を知った念宗和尚はその死を悼み、託されていた遺髪をおさめた五輪塔を建立する。同時に預かった摩利支天は、本堂内の厨子に安置されている。1寸3分（約4㎝）の小さなものだが、土日であれば実際に見学することもできるので、勘助の託した思いを感じとっていただきたい。（水崎薫）

【column】

『豊臣秀吉ガイドブック』が、ついに登場。

三英傑のガイドブックが勢ぞろい。無料配布。

愛知県は、戦国武将を数多く輩出していることから、県内に点在する武将ゆかりの名所・史跡・祭りなどを紹介し、観光客の誘致に取り組んでいる。その一環として、かねてから『織田信長ガイドブック』、『徳川家康ガイドブック』を制作し人気を博してきたが、平成23年3月、このシリーズに『豊臣秀吉ガイドブック』が登場した。

それぞれのガイドブックでは、3人の天下人を中心に地域・人物・文化などの多様な視点から武将観光資源を整理し、それぞれの観光モデルコースを紹介している。

観光モデルコースの特徴は、県職員、市町村職員・ボランティアなどが協力し、現地まで視察に行き、地元の人しか知らないレアな情報が掲載されていること。市販の武将関係の書籍とは一味ちがう、マニアックな内容が楽しめる。

仕様はA5判、フルカラー、織田信長ガイドブック、徳川家康ガイドブックは14ページ、豊臣秀吉ガイドブックは30ページ。（長屋良行）

＊ガイドブックは、愛知県観光コンベンション課（県庁西庁舎7階）、各県民生活プラザで入手できる。郵送の場合は、返信用封筒と切手が必要。詳しくは、愛知県産業労働部観光コンベンション課（電話052-954-6355）まで。

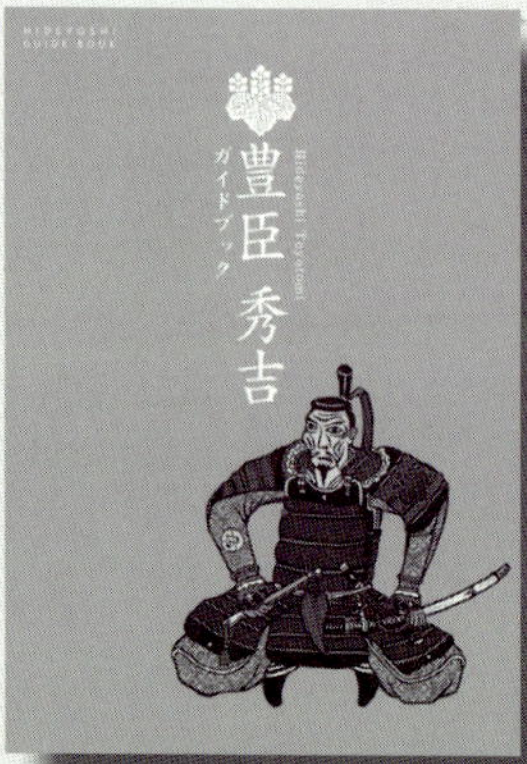

岐阜

東海 戦国武将ウオーキング

◉岐阜市

信長・斎藤道三ゆかりの地を歩く

岐阜城

美濃を制する者は天下を制する。美濃の国は古代から歴史的な戦にゆかりの土地である。古くはこの国を拠点に大海人皇子《おおあまのみこ》の起こした壬申の乱が勃発。その後も、都から東北への拠点として国取りの中心地となった。

下剋上の時代、油商人であった斎藤道三《どうさん》はこの美濃の地で成り上がる。南に国境を接する織田家に娘の帰蝶を嫁がせ美濃の国づくりを進め〝美濃の蝮《まむし》〟として諸国に力を見せつけた。しかしその後、道三は息子義龍《よしたつ》に討たれ逝く。

「猫とトラを見誤るとは、わしも年をとったものだ。これで当分美濃は安泰だ」

道三の残した言葉からは、美濃の行く末を案じ領民を思う顔がうかがえる。その後、尾張織田信長の侵攻を許さなかった斎藤義龍だったが34歳の若さで急逝。ほどなく美濃を手中に収めた信長はこの地を岐阜と改め、歴史に残る天下取りの拠点としたのである。

長良川を背にそびえる金華山の頂上に建つ岐阜城、この難攻不落の城を目指し岐阜市内を北上してみよう。

信長像

黄金の信長像がお出迎え

JR岐阜駅を出るとま

ず目にするのが、黄金に輝く信長像だ。高さ11mのまばゆい信長像を通り過ぎ、右手にある「神田町10」の交差点から長良橋通りを北上しよう。アーケードに覆われた道の両脇には商店が立ち並ぶ。気取らない雰囲気の商店街だ。

　岐阜駅から約８００ｍほど北に進んだ左手、織田家にゆかりの深い円徳寺《えんとくじ》がある。信長の父信秀は、当時井ノ口と呼ばれたこの地に攻め込むも、戦死者５０００の大敗を喫す。境内にはその戦いで築かれた織田塚がひっそりと残される。また、岐阜に侵攻した信長は、境内でおこなわれていた楽市楽座を城下町に広めたといわれ、その際に使われた、制札《せいさつ》が寺に残されている。信長亡きあとの関ヶ原の戦いでは、西軍として岐阜城に立てこもった信長の孫、秀信《ひでのぶ》が高野山に送られ

円徳寺

る際この寺で剃髪。ほかにも信長が寄進した梵鐘がさりげなく現役で使われているあたり、岐阜の懐の深さが感じられるのだ。

　さて、円徳寺から北約1・2㎞にある「神田町3」の交差点を右折。400mほど先の正面が建勲《けんくん》神社《じんじゃ》で、その前に植えられているのが御園の榎だ。この通りの北にあたるエリアが西園町、美園町だが、信長の時代に開かれた楽市楽座の一つ、加納の楽市場はこの美園町あたりで開かれていたという説がある。城壁で囲まれた総構えの南外側にあたる。

天武天皇も戦勝祈願した神社

　ここからは山に沿って北上しよう。岐阜城を頂点とする金華山の山脈は、このあたりから東北に横長に延び、北側の斜面が長良川に接している。この麓に沿って続く道は表のにぎやかな雰囲気とは違い、地元の人々の生活感が漂うのんびりとした雰囲気だ。右手に続く山の裾野には大小の祠や神社が立ち並ぶ。古いが手入れされ大切に扱われており、土地の氏神様とわかる。ところどころには古民家が残り、数百年と続く町並みを感じさせる。

　さて北へ進むこと約1㎞で伊奈波《いなば》神社に到着。平安時代より1900年もの間この地を守ってきた伊奈波神社だが、もともとは金華山の山頂にあったものを、道三が岐阜城下町を整備する際ここに移したのだという。山に続く階段を一つひ

上／建勲神社（岐阜信長神社）
下／趣きある町並み

伊奈波神社

とつ上り社殿にたどりつくと、少々神聖な気分になる。心なしか気温も下がり山の風が心地よい。主祭神の五十《い》瓊《に》敷《しき》入彦命《いりひこのみこと》は垂仁天皇の第一皇子で、この地の開拓神となり、ここを拠点に奥州を平定したという。壬申の乱には大海人皇子、後の天武天皇がここ伊奈波神社で戦勝祈願をおこない見事勝利している。武運に強い神様である。地元はもとより、周辺の地域からも多くの人が参拝に訪れる神社だ。

芭蕉も滞在した妙照寺

伊奈波神社から岐阜城へ向かう途中で少しお寺に立ち寄ろう。「本町1」の信号を右手に折れると寺の集まる場所がある。通り沿い右手の妙照寺《みょうしょうじ》は慶長5年（1600）、当時の岐阜城主であった織田秀信より竹中半兵衛の屋敷跡を寄進され今の場所に移った。本堂はその時のもので、庫裡を含め岐阜県最古。また松尾芭蕉が1カ月も滞在した書院の座敷は、ほぼ当時のまま残されているそうだ。

妙照寺向かいにある常在寺《じょうざいじ》は斎藤氏の菩提寺で、美濃平定の際この寺を拠点にしたと伝えられる。この場所で国取りの軍議が展開されていたのかと想像をかき立てる。またこの寺には、重要文化財にも指定される斎藤道三、義龍親子の肖像画が伝わる。

ちなみにこの一角、大仏町と名のつく縁起のよさそうな町内だが、それもそのはず岐阜大仏と呼ばれる大仏様のお膝元なのである。別名籠大仏と呼ばれる大仏様は、その名の通り竹で編まれた籠の上に経典など美濃和紙を貼り付け漆と金箔を施したもので、乾漆大仏では日本一の大きさ。ここ正法寺《しょうほうじ》十一代推中和尚、第十二代肯宗和尚と二代続けて全国を托鉢行脚、相次ぐ災害や飢饉で亡くなった人々を救うためおよそ40年の歳月をかけて完成された。やさしい表情は現世を生きる我々も救われそうである。ちなみにこちらの正法寺では、普茶料理《ふちゃりょうり》が予約できる。

上／常在寺
中／岐阜大仏（正法寺）
下／正法寺

岐阜城の遺構。フロイスによると、岐阜城のふもとにあった信長の居館跡は、細部まで入念につくりあげられ完璧と評された数々の庭口と、比較するものがないほど技巧をこらし豪華につくりあげられた3階建ての宮殿があったという。

濃尾平野を一望

ここまでくると岐阜城は目と鼻の先だ。金華山の麓に整備された岐阜公園は、もともと道三、信長の居館があった場所とされ、今でも当時の遺構として石垣が残る。宣教師ルイス・フロイス（1532年生まれ）は著書『日本史』の中で、居館の美しさ豪華さを記している。新し物好きの信長のこと、中国からの渡来物もふんだんに取り入れていたのかもしれない。

さて山道を登ってもよいが、金華山ロープウェイなら5分程度で山頂に到着だ。所々に残された岐阜城の遺構を見ながら歩くと、この岩山によくぞ城をつくったものだと感心する。

10分ほど歩くと再建された岐阜城に到着。城には武具甲冑の他、ここで見つかった茶碗などが展示されなかなか見ごたえがある。

最上階3層目の天守からは、まさに濃尾平野を一望だ。小牧山や犬山方面、名古屋駅のツインタワーまでが見渡せ、北には長良川、南には木曽川の流れが美しく、天然の要塞にふさわしい眺めだ。

怒涛の如く国取りを進め、天下が見えてきた信長はこの景色を眺め何を想ったことだろう。地平線の向こうまでが自分の領地なのである。戦国大名の気分に浸り、天下取りの軍議でも開いてみようか。（田中千奈）

岐阜城からの眺め

木村邸

◉恵那市

女城主・岩村城と城下町を歩く

甲斐の武田、三河の徳川、そして尾張の織田と、戦国の雄が国境を狙う山間の城下町、岩村。戦国の世に翻弄されながら、必死で領民を守ろうとした女城主の物語を今に伝える。1185年より続く歴史深い地、岩村城下町から岩村城までを探索してみよう。

明知鉄道岩村駅

明知鉄道岩村駅。懐かしさを感じる木造の駅舎を出ると町の東に出る。駅からほぼまっすぐ西へ城下町の目抜き通りが続く。国の重要伝統的建造物群保存地区に選定された町並みは天正年間から造営され、江戸時代に入り完成した。岩村本通には旧岩村藩の時代から残る商家が多い。

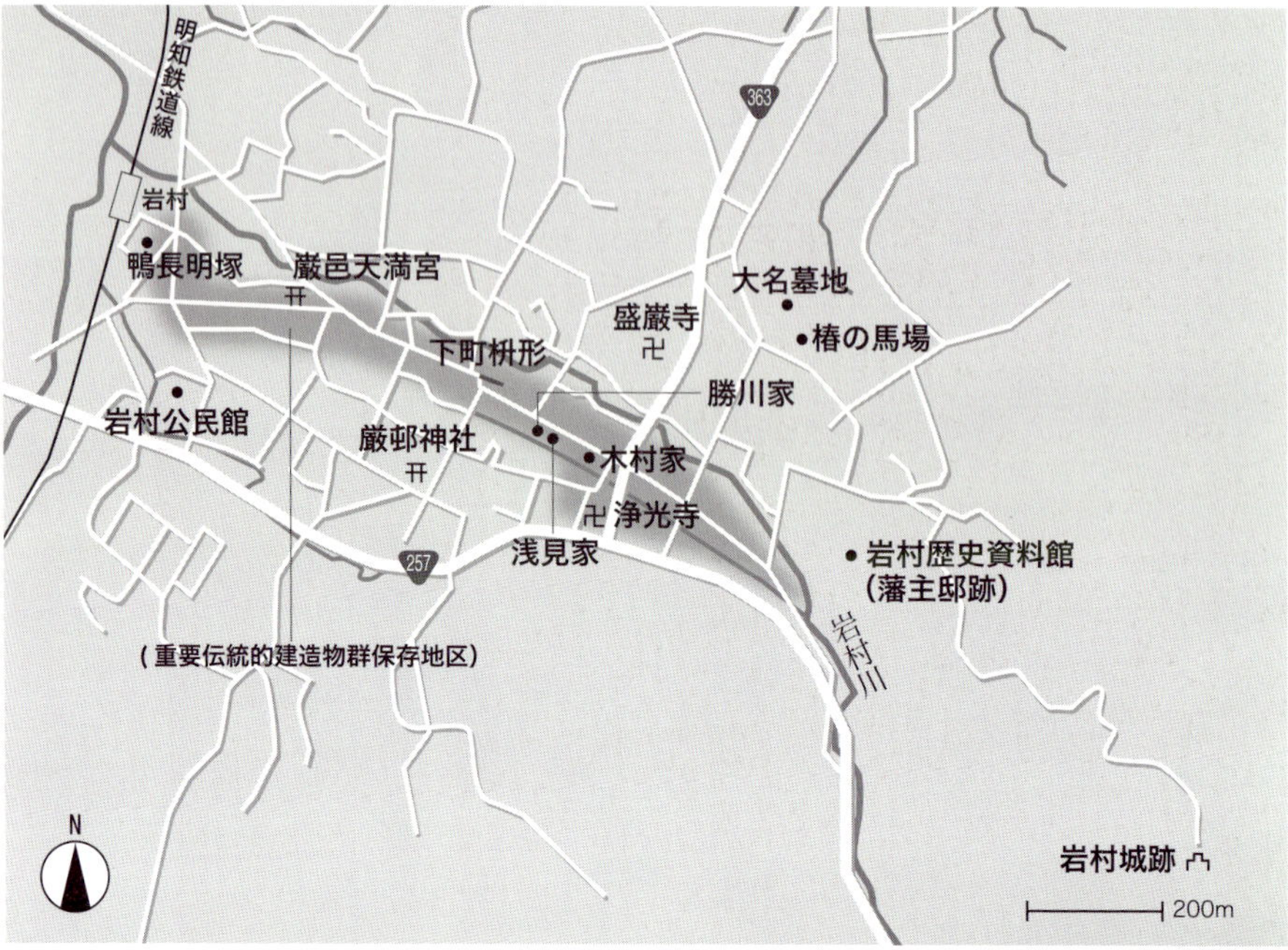

町全体がミュージアム

　駅前から右手の路地に入ると伝鴨長明《かものちょうめい》塚がある。隠遁生活を送っていた長明が、秘曲を披露し鎌倉の地を追われることとなった。当時岩村の領主であった遠山景廉《かげかど》の好意でこの地に逃れ半年を過ごした後、病により入寂「思いきや都を余所にはなれ来て遠山野辺に雪消えんとは」という辞世の句が伝わる。

　長明塚から程近く、左手には名物五平餅をすぐに焼いてくれるあまから屋。甘辛い味噌が美味しい五平餅をつまんで先の美術の館を見学。旧商家を利用した画廊スペースでは数々の日本画と共に、岩村藩士の娘として生まれ後に実践女子大を創設した下田歌子女史の肖像画などが見学できる。また軒を連ねる美濃岩村歴史ほりおこし研究会事務所では地元に残る興味深い逸話に出会えるかもしれない。

　通りに立ち並ぶ店舗には木枠のショーウィンドウがあり、まちかどミュージア

上／鴨長明塚
下／あまからや

まちかどギャラリー

郵便はがき

料金受取人払郵便

名古屋中局
承認

9014

差出有効期間
2026年9月29日
まで

460-8790

101

名古屋市中区大須
1-16-29

風媒社 行

注文書◉このはがきを小社刊行書のご注文にご利用ください。

書名	部数

郵便振替同封でお送りします（1500円以上送料無料）

風媒社 愛読者カード

書　名

本書に対するご感想、今後の出版物についての企画、そのほか

お名前　　　　　　　　　　　　　　　　　（　　　歳）

ご住所（〒　　　　　　　　　）

お求めの書店名

本書を何でお知りになりましたか

①書店で見て　　②知人にすすめられて

③書評を見て（紙・誌名　　　　　　　　　　　　　）

④広告を見て（紙・誌名　　　　　　　　　　　　　）

⑤そのほか（　　　　　　　　　　　　　　　　　　）

＊図書目録の送付希望　□する　□しない

＊このカードを送ったことが　□ある　□ない

写真とイラストでみる 愛知の昭和40年代

長坂英生 編著

名古屋地名さんぽ

杉野尚夫

名古屋駅西タイムトリップ

林浩一郎 編著

あの頃にタイムスリップ！ 高度経済成長で世の中が大きく変貌しつつあった昭和40年代。愛知の風景、風俗、人々の表情などを写真とイラストで振り返る。 １８００円＋税

どうしてこんな名前になった？ 地名をひもとけば、いつもの街が新しく見えてくる！ 土地の記憶と未来を知るための20のストーリー。 １８００円＋税

戦後名古屋の基盤となった〈駅裏〉の姿を、貴重写真と証言で生き生きと描き出す。この地に刻まれた記憶が未来をひらく！ １８００円＋税

風媒社 新刊案内

2025年
6月

〒460-0011
名古屋市中区大須 1-16-29
風媒社
電話 052-218-7808
http://www.fubaisha.com/
[直販可　1500 円以上送料無料]

名古屋で見つける化石・石材ガイド
西本昌司

地下街のアンモナイト、赤いガーネットが埋まる床……世界や日本各地からやってきた石材には、地球や街の歴史が秘められている。　1600円＋税

ぶらり東海・中部の地学たび
森　勇一／田口一男

災害列島日本の歴史や、城石垣を地質学や岩石学の立場から読み解くことで、観光地や自然景観を〈大地の営み〉の視点で探究する入門書。　2000円＋税

名古屋発　日帰りさんぽ
溝口常俊　編著

懐かしい風景に出会うまち歩きや、公園を起点にするディープな歴史散策、鉄道途中下車の旅など、歴史と地理に詳しい執筆者たちが勧める日帰り旅。　1600円＋税

近鉄駅ものがたり
福原トシヒロ　編著

駅は単なる乗り換えの場所ではなく、地域の歴史や文化への入口だ。そこには人々の営みが息づいている。元近鉄名物広報マンがご案内！　1600円＋税

愛知の駅ものがたり
藤井　建

数々の写真や絵図のなかからとっておきの1枚引き出し、その絵解きをとおして、知られざる愛知の鉄道史を掘り起こした歴史ガイドブック。　1600円＋税

伊勢西国三十三所観音巡礼
◉もう一つのお伊勢参り　千種清美

伊勢神宮を参拝した後に北上し、三重県桑名の多度大社周辺まで、39寺をめぐる初めてのガイドブック。ゆかりの寺を巡る、新たなお伊勢参りを提案！　1600円＋税

名古屋から消えたまぼろしの川と池
前田栄作

今はなき水辺の面影を求めて──。ビルの建ち並ぶ繁華街や多くの自動車が行き交う道路にも、かつては長閑な田園が広がり、水を湛えた川や池があった。　1700円＋税

古地図で楽しむ駿河・遠江
加藤理文 編著
古代寺院、戦国武将の足跡、近世の城とまち、災害の爪痕、戦争遺跡、懐かしの軽便鉄道……。
1600円＋税

古地図で楽しむ三重
目崎茂和 編著
江戸の曼荼羅図から幕末の英国海軍測量図、「大正の広重」吉田初三郎の鳥瞰図…多彩な三重の姿。
1600円＋税

岐阜地図さんぽ
今井春昭 編著
観光名所の今昔、消えた建物、盛り場の変遷、飛山濃水の文学と歴史……地図に隠れた岐阜。
1600円＋税

古地図で楽しむ岐阜　美濃・飛騨
美濃飛騨古地図同攷会／伊藤安男 監修
多彩な鳥瞰図、地形図、絵図などをもとに、地形や地名、人々の営みの変遷をたどる。
1600円＋税

明治・大正・昭和　名古屋地図さんぽ
溝口常俊 監修
廃線跡から地形の変遷、戦争の爪痕、自然災害など、地図に刻まれた名古屋の歴史秘話を紹介。
1700円＋税

古地図で楽しむなごや今昔
溝口常俊 編著
絵図や地形図を頼りに街へ。人の営み、風景の痕跡をたどると、積み重なる時の厚みが見えてくる。
1700円＋税

古地図で楽しむ尾張
溝口常俊 編著
地図をベースに「みる・よむ・あるく」——尾張謎解き散歩の勧め。ディープな歴史探索のお供に。
1600円＋税

古地図で楽しむ三河
松岡敬二 編著
地域ごとの大地の記録や、古文書、古地図、古絵図に描かれている情報を読み取る。
1600円＋税

古地図で楽しむ近江
中井 均 編著
日本最大の淡水湖、琵琶湖を有し、様々な街道を通して東西文化の交錯点になってきた近江。
1600円＋税

地図で楽しむ京都の近代
上杉和央／加藤政洋 編著
地形図から透かし見る前近代の痕跡、あったかもしれない景観、80年前の盛り場マップ探検。
1600円＋税

古地図で楽しむ金沢
本康宏史 編著
加賀百万石だけではない、ユニークな歴史都市・金沢の知られざる姿を読み解く。
1600円＋税

寝たきり社長の上を向いて
佐藤仙務

健常者と障害者の間にある「透明で見えない壁」を壊していくため挑み続ける著者が、自身が立ち上げ経営する会社や未来をひらく出会いの日々を綴る。

1500円＋税

障害者たちの太平洋戦争
林 雅行

◉狩りたてる・切りすてる・つくりだす

視覚・聴覚障害、肢体不自由、知的障害の人々はいかに戦時体制に組み込まれ、積極的または消極的に動員されていったか。

1800円＋税

大逆の僧 高木顕明の真実
大東 仁

◉真宗僧侶と大逆事件〈新装版〉

「大逆事件」に連座し死刑判決を受けた高木顕明。差別撤廃、反戦に取り組み人々の尊敬を集めた僧侶は、いかにして〝大逆の僧〟に仕立てられたのか。

1800円＋税

ベトナム戦争 匿されし50年の検証
本田雅和

半世紀前に本多勝一が取材したベトナムを縦断し、取材を受けた人々のその後を追跡。いまだ癒えない戦争の傷跡と戦後ベトナム社会の光と影を考える。

2000円＋税

白夜
大和田道雄

◉余命二カ月・間質性肺炎との共生

著者は「お天気博士」として著名な気象学者。近年患者数が増大する難病「間質性肺炎」から生還し、現在も精力的に活躍を続ける。勇気に満ちた闘病記。

1200円＋税

活断層防災を問う
鈴木康弘

◉阪神・淡路大震災30年

大災害を繰り返さないために、いま私たちにできることとは？ 活断層防災とそのための調査研究のあり方を原点から問い直す。

1800円＋税

冤罪をほどく
中日新聞編集局 秦 融

◉〝供述弱者〟とは誰か

「私は殺ろしていません――」。冤罪の罠にとらわれる〈供述弱者〉の存在を明るみに出し再審無罪へと導いた画期的な調査報道は、いかにして可能となったか。

1800円＋税

写真でたどる昭和

写真でみる 戦後名古屋サブカルチャー史
長坂英生 編著

ディープな名古屋へようこそ！〈なごやめし〉だけじゃない名古屋の大衆文化を夕刊紙「名古屋タイムズ」の貴重写真でたどる。

1600円＋税

なごや昭和写真帖 キネマと白球
長坂英生 編著

懐かしの映画館と街の風景、映画ロケ現場や宣伝マンたちの情熱。数々のドラマを生んだ名古屋の野球場、野球映画の隆盛、野球少女たちの夢……。

1600円＋税

名古屋タイムスリップ
長坂英生 編著

おなじみの名所や繁華街はかつて、どんな風景だったか？ 全128カ所を定点写真で楽しむ今昔写真集。昭和100年記念出版。

2000円＋税

名古屋の周辺地域を読み解く
林 上

見過ごされがちな大都市圏のバイプレーヤーに目を向け、時の流れ・人の足跡をたどる〝地域あるき〟のためのエピソード。

2200円＋税

倭という種族

日本民族の形成に大きな役割を果

品田知章

…果たした種族＝〈倭〉とは何者か!? 本書では、「倭」という種族が日本民族の形成にどのようにかかわったかを考察する。 1600円＋税

家康VS秀吉 小牧・長久手の戦いの城跡を歩く 内貴健太

小牧・長久手の戦いのすべてがこの一冊にある。城跡や古戦場など、ゆかりの地を訪ね歩き、地域の伝承なども盛り込んで、その実相を立体的に解き明かす。 2200円＋税

こんな話 知っとんさる? おもしろ岐阜学入門 神田卓朗

岐阜県にはこんなにユニークなこと、話が溢れている! 歴史・文化・サブカルチャーなど様々な角度から岐阜の素顔に迫る岐阜学入門! 1600円＋税

溝口常…

改訂版 なごやの古道・街道を歩く 池田誠一

…る古道・街道の見どこ…を訪ね歩く歴史ウオーキングにおすすめ。 1800円＋税

街道今昔 三重の街道をゆく 千枝大志 編著

三重県内の街道で育まれた物語を訪ねて、地元の学芸員や郷土史家が歩いた。 1800円＋税

街道今昔 三河の街道をゆく 堀江登志実 編著

旅人の気分になって、往時をしのばせる寺社仏閣や路傍の地蔵・道標などを訪ねてみませんか。 1600円＋税

街道今昔 美濃路をゆく 日下英之 監修

大名や朝鮮通信使、象も通った街道の知られざる逸話や川と渡船の歴史をひもとく。 1600円＋税

街道今昔 佐屋路をゆく 石田泰弘 編著

東海道佐屋廻りとして、江戸時代、多くの旅人でにぎわった佐屋路と津島街道を訪ねる。 1600円＋税

ーズ

モダン東京地図さんぽ 和田博文 編著

関東大震災で江戸と地続きの東京はどのように滅び、変貌したのか。戦前東京の街ものがたり。 1600円＋税

古地図で楽しむ広島 鈴木康之 編著

瀬戸内海沿岸の広島・宮島・呉など、海とともに発展してきた地域の歩みを古地図を糸口に探る。 1700円＋税

古地図で楽しむ伊豆・箱根 池谷初恵／大和田公一 編著

信仰、要害、温泉、街道などを切り口に、伊豆・箱根の奥深い歴史と文化、多様な景観を読み解く。 1700円＋税

古地図で楽しむ瀬戸内・香川 森 正人

近代航路で変容した旅、名物として発見されたうどん……地図を読み解き伝統・文化を問い直す。 1800円＋税

古地図で楽しむ首里・那覇 安里 進／外間政明 編著

当時の町の絵師たちが描いたパノラマ図などを比較分析し、近世琉球社会の姿を読み解く。 1700円＋税

地図で楽しむ横浜の近代 岡田 直／吉﨑雅規／武田周一郎

横浜時間旅行へ、いざ! 外国人居留地、関東大震災の爪痕、モダン都市横浜、占領と復興……。 1600円＋税

古地図で楽しむ富士山 大高康正 編著

前近代の富士山信仰の世界、さまざまな登山道とその起点となった集落の変遷……。 1700円＋税

古地図で楽しむ神戸 大国正美 編著

文字情報だけではわからない街道や自然景観の変遷、港町の情景、近代文学者たちのまなざし……。 1600円＋税

古地図で楽しむ信州 笹本正治 編著

流れる川とそびえる山、四つの平らと城下町……。村絵図や街道地図を読み解く。 1600円＋税

古地図で楽しむ長崎 大平晃久 編著

江戸から続く諸外国との交流が育んだ異国情緒の様相、文学や災害、原爆投下、…土地の記憶。 …円＋税

ムとして、各家に昔から残る〝お宝〟が展示されノスタルジーを誘う。また各家の軒先には岩村が輩出した江戸末期の大儒学者、佐藤一斎の言葉が掲げられ、儒学の道としても楽しめそうだ。

店の軒先で売られる手づくりのお土産を物色しながら古い町並みを行くと、江戸期の豪商、勝川家、浅見家が軒を連ねる。

勝川家では、黒々と煤けた美しい梁や巨大な蔵が見どころだ。その蔵の一部がそば屋になっているので、手打ちのそばで腹ごしらえもよい。

上／浅見家
中／勝川家
下／木村家の囲炉裏

岩村一の商家・木村家

さて、勝川家を出て旧役場を過ぎると、瀟洒な玄関口を持つ大きな間口の店舗がある。岩村藩随一の商家、木村家だ。藩の財政が貧窮した際には木村家の財力が藩を救った。岩村藩の殿様もたびたび訪れたという大商家である。

築２００年以上といわれる３階建ての店舗には大きな土間、座敷が続き、奥の台所には大きな囲炉裏や立派な釜もある。天井の滑車から垂れ下がったロープは、上の階の座敷へ料理を吊り上げたという。頼りなさそうなロープだが果たして料理はこぼさず無事上の階へ届いただろうか。

この木村家には平成まで歌江さんというおばあさんが実際に生活していたそうで、歌江おばあさんがアトリエに使った奥の蔵、しつらえのおもしろさは必見。

また殿様専用の入り口と座敷もぜひ見学を。曲者をいち早く発見するためののぞき窓や、殿様を迎えるたびに張り替える壁紙など随所に工夫がこらされている。座敷の畳の下は有事の際に殿様が隠れるため、身長分ほど床が下がっているらしい。岩村で一番の商家、お勧めである。

女子教育に生涯をささげた下田歌子

さて、その先を進むといよいよ岩村城登城口だ。櫓を過ぎ、学問所の跡を過ぎると緩やかなのぼりが始まる。石畳の道を山に入ってゆくと本丸まで八百米（８００ｍ）の表示。さすが日本を代表する山城のひとつ、登城も一苦労だ。

山へ続く古い石畳を進むと、下田歌子女史の出生地といわれる岩村藩士の

上／石畳（本丸まで六百米）
下／下田歌子勉学所

住居跡がある。女性であったために学問への道を閉ざされた彼女は、成人し宮中に仕えた。宮中では歌の才能を発揮し、昭憲皇太后より歌子の名を拝領したという。後年は女子教育、女性の地位向上に人生をささげた。岩村の女性の力強さがみられる逸話である。

　そのすぐ先が藤坂だ。敵襲の際には前衛の要として、およそ300mの間に門を構え柵をめぐらし防衛陣地とした。敵はいくつもの門を突破しなければならず容易には落ちない難攻不落の城となった。今は木々が茂っているが、当時は城下町が一望できたという。

　防戦の備え一の門と土岐門を過ぎると中門だ。相当な高さの石垣には、三階建ての櫓があったという。

日本で最も高所に建つ城

　本丸まで200m地点にようやく、城中最大の門となる正門跡だ。端整な石垣が当時の様子を彷彿とさせる。先へ続く石畳を踏みしめながら石の壁の間を抜けると伝説の井戸「龍の井」がある。

　その昔、激しい敵襲で陥落目前となった時、城に伝わる蛇骨をこの龍の井に投げ入れると、あたり一面に霧が立ち込め城を守ったという。この城が別名「霧ヶ城」といわれる所以である。

　龍の井を過ぎるとようやく本丸まで100mだ。その手前には全国でも珍しい菱櫓跡がある。その前には、城から城下へ続く抜け道が今も残る。

　さあ、本丸が目前だ。本丸の石垣は段違いで幾重にも積まれ、かなり広い。山城のため天守閣はなかったようだが、複数の櫓がつながれ、城下の動向が掌握されていたとのこと。北側は急峻な崖になっている。

　標高717mに建つこの城は、日本で最も高所に建つ城である。本丸跡からは御嶽山、恵那山が見える。この城を攻め

上／石畳
下／霧ヶ城伝説の龍の井

本丸の石垣

落とした甲斐の武田軍はいくつも山を越えてきた。かの信長もここ岩村が攻められた際に援軍を出しているが、山城戦に動けず兵を引いたという。

女城主の哀しい物語

そして織田家から遠山氏に嫁ぎ、当主亡き後も女手ひとつで城を守っていた修《しゅ》理《り》婦人の悲しい物語が生まれた。女城主の物語である。

織田信長の叔母にあたる修理夫人は遠山景任《かげとう》に嫁し、景任亡き後も信長の五男御坊丸《ごぼうまる》を養子に迎え、戦国の世に稀な女城主として城下を守った。しかし武田勢の猛攻に耐え切れず数カ月にわたる激戦の後、城下と領民を守ることを条件に武田の重臣秋山信友との政略結婚に応じる。その際御坊丸を人質として武田に送ったことに激怒した信長が、長篠での勝利をきっかけに岩村城を奪取。修理婦人は逆さ磔となり非業の死を遂げたという。屈辱を忍び武田の傘下に下るも、身内の手に掛かり命を落とすとは。修理婦人の心の叫びをこの城跡は静かに伝える。

本丸跡からの眺め。恵那山を望む

城下では軒先に女性の名が記された紺色の暖簾がかかる家がある。これは、自らを犠牲に領民を守ろうとした女城主にちなみ、女性の優しさや柔らかさなどをまちづくりに取り入れる岩村の試み「女城主の里づくり」の一環として掲げられているものであるらしい。

山深い里でありながら高い文化を受け継いできた岩村。そんな岩村の伝統を一途に守ってきたこの地の女性たちの、そこはかとない強さを感じる街歩きである。

(田中千奈)

墨俣一夜城（墨俣歴史資料館）

太閤出世橋

◉大垣市

伝説・墨俣《すのまた》一夜城と歴史街道を歩く

水郷の地、洲股《すのまた》は長良川、屑川《さいがわ》、揖斐川に囲まれ水害の多い中州であったため、鎌倉時代から輪中という独特の町づくりが始まった。古代より美濃へ続く美濃路と、東方へ続く鎌倉街道の交わる交通の要所であり、国取りの戦略にも重要な地域であったため歴史的な逸話も多い。

木下籐吉郎（のちの豊臣秀吉）が築城不可能といわれたこの墨俣に一瞬にして砦を築き、織田信長の岐阜攻めに大きく貢献したことは墨俣一夜城として伝説になっている。また源氏の一族であった源《みなもとの》義円《ぎえん》は、平家の大軍と戦い、この地で命を落

としている。そんな墨俣での歴史散歩を楽しんでみよう。

秀吉の天下取りはここから始める

長良川の河畔に立つと墨俣城の白壁が輝いてみえる。現在の城は昭和に入ってから歴史資料館として復元されたもので、実際の城は砦のようなものであったという。墨俣築城を記録した前野家文書によると「無数の大小河川や沼あるいは沢があり、行き着くことも困難だ」と伝えている。しかもそこは美濃の斎藤家の領地であるため、美濃勢と交戦をしながらの築城となった。まさに修羅場である。

築城にあたっては、切り出す木材の長さ、数、運搬に掛かるチーム編成から手順、服装についても詳細な取り決め事項があったという。川を渡る際に敵が矢を放ってきても、応戦部隊がきっちりと仕事をするので気にせず川を渡るようにとの注意文まで出しており、大胆かつ緻密な秀吉像がうかがえる。

台所奉行として織田家の中で頭角をあらわしつつあった当時30歳の木下籐吉郎、のちの豊臣秀吉の天下取りはここ墨俣から始まった。墨俣城の袂にかかる出世橋は、この城を機に出世街道を猛進した秀吉にちなみ名づけられた。橋には秀吉の馬印である千成《せんなり》瓢箪《ひょうたん》があしらわれユーモラスだ。橋を渡ると墨俣歴史資料館として営業している墨俣城だ。城の前には出世を祈願した、千成瓢箪の絵馬が数多く奉納されている。

歴史館は築城当時の織田家重臣たちや、墨俣城築城の様子が詳細に解説され興味深い。天守からは北の岐阜城が肉眼ではっきりと確認でき、戦国気分を盛り上げる。岐阜城までわずか12㎞、周囲の城をほぼ手中に収め実行された墨俣侵攻は、時期を逸さず築城にかけた信長の大胆さ、出世をもくろむしなやかな青年、籐吉郎

千成瓢箪

の力強さを感じさせる。

今日に残る街道沿いの風情

さて、砦としての墨俣はまた、街道沿いの宿場町の表情も併せ持つ。墨俣の城から犀川沿いに出ると堤の両端に枝振りも立派な桜の木が植えられており、春になると桜のトンネルがとても美しい。最初の角を右折し、町に入ると民家が続く。道の両側に建つ家々にはしっかりとうだつがあがっており、しつらえのよい家が町に表情を与えている。墨俣歴史資料館の古地図にもあったが、墨俣の町もまた町家造りの家々が立ち並び、町割りの様子は今日もほぼ変わっていない。

犀川に戻り南下した次の曲がり角に美濃路と記された標識が立つ。宿場町の入り口、目抜き通りとなる本町だ。その脇には本陣跡の碑が残される。西へ１００ｍほど行くと脇本陣があり、そこでは地元でとれた新鮮な野菜や果物、麩せんべいなどのお土産を買うことができる。道沿いには間口の大きな商店もあり、昔の賑わいを彷彿とさせる。

約３００ｍ続く通りの端に、津島神社、秋葉神社が祀られており、その脇に朝鮮通信使通行記念の碑が立つ。彼らもこの地を通り、渡し舟で長良川を渡ったのだろう。象が街道を通った際には、川を渡るための大工事がおこなわれている。象を怖がらせないため、橋の両側に布を張り川の水面を見えないようにしたと資料に残る。

上／美濃路道標
中／津島神社・秋葉神社
下／墨俣神社

津島神社、秋葉神社の小さな祠から南の通りが寺町だ。光受寺、満福寺、等覚寺、本正寺、明台寺、廣専寺と6つの寺院が集められた、その寺町の西端にあるのが墨俣神社だ。１０００年の歴史を数えるこの神社、決して豪華絢爛なものではないが、漂う空気は時間の重みを感じさせる。

東隣の満福寺は、白壁に朱塗りの柱が印象的な宝物館熊谷堂を持つこちらも古いお寺。創建は９８６年とされ、お堂も立派で美しくなかなかの迫力だ。毎年９月14日におこなわれる「熊谷堂法要」では熊谷家のお宝が拝見できるかもしれない。

万福寺の並び、北隣の光受寺は、なんといっても樹齢２００年といわれる立派な枝振りの飛竜梅だ。見事に咲き誇る姿は絶品。その南に門を構える等覚寺にもしだれ梅が。お向かいの本正寺の山門は明治時代に脇本陣の門を移設したものらしい。その本正寺と廣専寺の間を抜けて川の方面に戻ると、堤のすぐ内側に明台寺の山門がある。

街道沿いの風景

物語にでもなりそうな、寺の古びた山門をくぐり中へ。この明台寺には笑う菩薩の伝説がある。嵯峨天皇の時代、墨俣の上宿あたりに掛かる古い木橋の橋脚が夜に光っており、よく見ると地蔵菩薩像のように見える。そこでこの橋脚をお祀りしたのが明台寺の創建だ。のちに朱雀天皇の勅使がこの地を訪れ、この地蔵菩薩の由来を聞き「朽ち残る真砂の下の橋ばしら　また道かえて　人渡すなり」と詠むと地蔵菩薩像がにっこり微笑んだという。以降この地蔵菩薩像は橋杭笑地蔵菩薩と呼ばれるようになった。心が安らぐいい話である。

源氏一族の悲話

さて、最後にそこから南へ約4km下り義円公園に。源義円は義朝と常盤御前の息子で源頼朝を異母兄に、義経を弟に持つ源氏の一族だ。兄頼朝の挙兵の際には、僧兵の如く坊主頭を頭巾に包み黒染めの衣を着ていち早く鎌倉へ駆けつけたという。ここ源平墨俣の合戦に際し、武功を挙げんと一人敵陣に乗り込むが、平盛綱に討たれ絶命する。程近くに義円の眠る墓があり、花が手向けられていた。俗世を離れ僧としての人生を送っていた義円だが、源氏の一族として武士の誇りと命を掛けた青年の、少し切ない逸話である。

義円公園

輪中という独特な文化とともに、およそ1000年の昔から紡がれた歴史がひっそりとたたずむ墨俣、犀川の桜並木を歩きながら、この地を通り過ぎた人々の想いに浸ってみるのもよい。（田中千奈）

◉不破郡関ヶ原町

天下分け目の合戦地 関ヶ原古戦場を歩く［東軍編］

慶長5年（1600）9月、徳川家康率いる東軍と、石田三成率いる西軍合わせて約17万の軍勢が激突した関ヶ原の戦い。勝敗を分けたのは、天下取りを狙う家康の大将として器の違いか、はたまた老獪な駆け引きの妙だったのか。戦いに勝利し、家康の覇権を確立した東軍の陣跡を歩いてみよう。

戦国時代の古戦場と聞いて、ほとんどの人が真っ先に思い浮かべるのが関ヶ原だろう。

東西約4㎞、南北約2㎞の盆地で、その中を東西に中山道が通り、中央付近で北国街道と伊勢街道に分岐する。不破の関が置かれていたように、古来より政治・軍事において東西を分断する要衝だった。

現在は、新幹線や名神高速、国道21号線が貫いているものの、あたりは静かな田園地帯で、合戦当時とほとんど変わらないのではと思われる風景が残っている。陣跡を示す石碑を探しながら歩き、合戦のイメージを広げる、古戦場めぐりの醍醐味を存分に味わうことのできる場所である。

ウオーキングに出かける前に、まずガイドマップを手に入れよう。ＪＲ東海道本線関ヶ原駅前にある関ヶ原観光案内所に各種揃っているが、より詳しい予備知識を仕入れておきたいという方には、史跡めぐりの拠点でもある関ヶ原町歴史民俗資料館を訪れることをお勧めする。

関ヶ原町歴史民俗資料館

【DATA】
◉関ヶ原町歴史民俗資料館
関ヶ原町大字関ケ原894-28／9:00～16:30（11月～3月は16:00まで）／月曜・祝日の翌日・年末年始休館／大人350円／0584-43-2665

資料館は、駅の横の陸橋を北へ10分ほど歩いたところにある。館内には、関ヶ原合戦図屏風をはじめ、戦いで使用された武具や甲冑、陣跡からの出土品が展示されている。合戦時の東西両軍の陣形と戦いの流れがよくわかる解説つき大型ジオラマやＤＶＤの上映もあるので、合戦の概要を短い時間で把握することができるのがうれしい。

　また、ミュージアムショップには、参戦武将に因んだオリジナルグッズが揃っており、とくに若い女性ファンの人気を集めている。

関ヶ原の戦いの概要

さてここで、関ヶ原の戦いの流れを整理しておこう。

　慶長３年（１５９８）、豊臣秀吉が伏見城で死去すると、豊臣秀頼が成人するまでの暫定処置として設けられた五大老の中で、徳川家康の専横が激しくなる。天下取りをにらんだ、禁じられていた諸大名との婚儀や書状作戦である。

　これに対抗すべき豊臣恩顧の大名間でも、武断派と呼ばれる加藤清正・福島正則らが、石田三成と対立。これをなんとかおさえていた前田利家が慶長４年（１５９９）に死去すると、武断派は三成襲撃事件を起こす。しかたなく家康に助けを求めた三成は、結果として佐和山に蟄居を命ぜられることになる。

　家康が五大老の一人上杉景勝《かげかつ》に謀反の疑いありと討伐の兵を挙げると、三成は決戦を決意。慶長５年（１６００）９月14日夜、大垣城を発し関ヶ原に向かった。

　翌15日、三成率いる西軍は笹尾山から南宮山にかけて鶴翼の陣形に布陣。一方、

黒田長政・竹中重門陣跡
丸山のろし場
関ヶ原バイパス
関ヶ原町役場
東首塚
松平忠吉・井伊直正陣跡
東海道本線
21
関ヶ原
本多忠勝陣跡
56
365
徳川家康最初陣跡
（桃配山）
関ヶ原 IC
365
N

関ヶ原古戦場布陣図

石田三成陣跡
(笹尾山)
365
決戦地
島津義弘陣跡
徳川家康最後陣跡
(床几場)
小西行長陣跡
田中吉政陣跡
開戦地
宇喜多秀家陣跡
歴史民俗資料館
大谷吉継の墓
大谷吉継陣跡
平塚為広陣跡
西首塚
藤堂高虎・京極高知陣跡
福島正則陣跡
自害峯
東海道新幹線
名神高速道路
脇坂安治陣跡
小早川秀秋陣跡
(松尾山)
400m

家康率いる東軍は東山道沿いに細長く布陣した。陣形としては、完全に西軍有利のはずだった。

戦いは、午前8時ごろ、松平・井伊隊が宇喜多隊に発砲することで突然始まった。激しい攻防が続き、午後2時を過ぎても一進一退のまま。しびれをきらした家康は、三成本陣の目の前の陣場野まで進出する。内応を約束しながらも形勢を見守っていた小早川秀秋が、家康の激しい催促でようやく寝返りを決意、大谷隊に攻撃をしかけたのを境に、西軍は総崩れとなり、午後4時ごろ東軍の大勝が決定したのである。

家康着陣

関ヶ原古戦場には、二十数カ所の史跡が点在しているのだが、とくに場所が離れている桃配山《ももくばりやま》の徳川家康最初陣跡と、小早川秀秋が布陣した松尾山を除けば、どの順番で回っても1日で回れる範囲内にある。関ヶ原町が発行している「ザ・ウオークマップ」では、決戦コース（約2・5㎞／約1時間30分）、天下取りコース（約4・5㎞／約3時間）、行軍コース（約13㎞／約6時間）の三つのコースを設定しているが、今回はまず、家康率いる東軍コースを回ってみよう。

どのモデルコースにも入っていないのだが、東軍コースと銘打ったからにはま

上／徳川家康最初陣跡
中／徳川家康最後陣跡
下丸山烽火場

ず家康が最初に陣を置いた桃配山に行ってみたい。

関ヶ原駅の南を走る国道21号線を東に歩く。「一ツ軒」の交差点を過ぎて200mほど行けば右手に三葉葵ののぼりが見えてくる。ここが桃配山の徳川家康最初陣跡で、登り口から少し上ったところに石碑が立っている。9月15日午前3時頃、岡山の本陣を発した家康は、3万の兵を率いて、この地に陣を置いた。

陣跡には家康が使ったと伝えられる腰掛岩と机石も残っている。

桃配山の名は、（関ヶ原合戦より前に、この地を舞台にくりひろげられたもう一つの天下分け目の戦いである）壬申《じんしん》の乱の時に大海人皇子（天武天皇）が、ここに陣を置き、兵士を励ますために桃を配ったという故事にあやかったものだといわれている。山というより丘程度の高さで、合戦場がよく見渡せるというわけでもない。戦況がつかめず、家康が前線に陣を進めたのも納得がいく。

資料館に隣接するふれあいセンターの北の道を右に進み、21号線バイパスの瑞竜交差点を北に上っていくと、丸山のろし場がある。黒田長政・竹中重門《しげかど》が陣を張り、戦いの機が熟したのを見て開戦ののろしをあげた。なるほどのろし場として選んだだけあって、関ヶ原の町全体を一望できる。

なお、竹中重門は、あの名軍師・竹中半兵衛の息子で、関ヶ原周辺を所領としていた。土地勘があることで、逃げた西軍諸将の探索を命じられ、小西行長らを捕まえる功をあげている。

接近戦に出た家康

最初、桃配山に陣を置いた家康だが、戦況がよくつかめないため、10時ごろになって陣場野まで陣を進める。それがここ、資料館の西にあたる場所で、最後まで指揮をとった徳川家康最後陣跡だ。三成の陣までは直線距離で1㎞程度。かなりの接近戦を考えたようだ。ただ、小早川の動きにしびれをきらして威嚇射撃をしたとされる松尾山までは2㎞以上離れており、最近の説では、普通の鉄砲ではなく大筒だったのではと推測されているようだ。

戦いが終わると、床几場で配下がとってきた敵方の首実検をした。周囲の上囲や中央の土壇は、天保12年（1841）に幕府の命を受けた竹中家が施工したものだという。

現在は、このあたりが陣場野公園となり、町民の憩いの場として親しまれている。

公園の南角に田中吉政陣跡がある。吉政は岐阜城攻め、関ヶ原での石田隊との激突、佐和山城攻めに功績があり、さらに部下たちは三成を生け捕りにしたことで知られている。

西軍主力武将の陣

南東に歩いて、東海道線陸橋の手前にあるのが東鬼塚。合戦後、家康の命令で、竹中重門が実検後の首を葬ったところで、首実検に使ったとされる首洗いの井戸もある。昭和15年には、名古屋市より護国院の大日堂と門が移設され、東西両軍の供養堂となっている。

東鬼塚の隣には松平忠吉・井伊直政陣

跡がある。西軍の宇喜多隊に発砲し、戦いの火蓋を切ったのがこの隊だ。

陸橋を渡って南に歩くと、本多忠勝陣跡が見つかる。忠勝は言わずと知れた徳川四天王の一人。軍監として参戦、開戦すると、井伊直政とともに島津隊に向かって進撃した。

ここからは西に向かう。松尾交差点の手前を右に入った春日神社（別名、月見の宮）の境内に福島正則陣跡がある。もともと秀吉恩顧の大名でありながら、奉公派三成との確執から家康に加担。先陣を務めるはずが、井伊・松平隊に一番隊の名誉を奪われる。それでも、すぐに宇喜多隊を攻撃し、これを破った。

春日神社の境内には、関ヶ原合戦図屏風にも描かれた樹齢800年、周囲5・8mの月見宮大杉があり、町の天然記念物に指定されている。

藤堂高虎・京極高知陣跡は、福島陣跡の東、関ヶ原中学校入口脇にある。ここから不破関付近に進撃して平塚為広と交戦、さらに小早川隊とともに大谷隊と戦い、これを破っている。

上／松平忠吉・井伊直政陣跡
下／本多忠勝陣跡

関ヶ原の戦死者

関ヶ原の戦いでの戦死者は6000から8000といわれている。それらのうち西軍兵士のものの多くは先の東首塚に葬られているが、もうひとつ国道21号線を西へ行ったところには、両軍の戦死した兵士を葬った西首塚がある。これも竹内重門がつくったものである。別名胴塚とも呼ばれ、JR東海道本線の敷設の際には、埋葬された白骨が多数見つかったという。塚の前には、江戸中期に建てられた二棟の観音堂があり、近隣の人々により供養されている。（水崎薫）

上／福島正則陣跡
下／西首塚

◉不破郡関ヶ原町

天下分け目の合戦地 関ヶ原古戦場を歩く【西軍編】

絶対的に有利な布陣で、事実互角に戦いながらも、頼みの軍の不参戦、思わぬ寝返りによって敗れ去った西軍。豊臣政権を守ることはできなかった。しかし、日本人は敗者にやさしいのだろうか、敗れてなお人気の高い石田三成、島左近、大谷吉継ら西軍の陣跡を歩いてみよう。（地図は91ページ参照）

決戦地

石田三成陣跡

毎年10月の中旬の土日に開催される「関ヶ原合戦まつり」。合戦ゆかりの武将に扮した人々と、それを取り巻く戦国ファンたちで、静かな関ヶ原町が大いに賑わう。「戦国無双」「戦国BASARA」などのゲームの影響か、ひときわ若い女性の姿が目につく。それぞれの武将に扮した隊の周りにむらがるのだが、中でも人気を集めるのが石田三成と大谷吉継だ。

立場はいろいろであるものの、あくまで保身や利益のために戦いに参加した大名がほとんどであった中、義とか友情といった損得ではない大切なもののために戦った盟友の姿勢に心を打たれる現代人が多いのであろうか。

今回は、この2人のスーパースターを中心とする西軍と、勝敗の鍵を握った寝返り軍の陣の跡を巡ってみよう。

笹尾山三成陣と激戦地

歴史民俗資料館からスタートしてほとんどの人がまずめざすのが「決戦地」。のどかな田畑が広がる中、「史跡 関ヶ原古戦場 決戦地」と刻まれた巨大な標柱が立っている。両軍が最後まで戦った合戦最大の激戦地で、標柱をはさんで、家康の葵紋と三成の「大一大万大吉」の旗指物がなびく、まさに関ヶ原古戦場を象徴する場所である。

決戦地から約400m北西にあるのが三成が陣を敷いた笹尾山だ。

9月14日の夜になって大垣城を出て関ヶ原に向かった三成は、翌15日午前5時ごろ、笹尾山の正面に布陣。田の中に竹矢来を二重に囲うと、その正面に島左近、中間に蒲生郷舎《さといえ》を配し、自身は山頂で指揮をとった。領地である国友村でつくらせた大砲五門を設置し、東軍めがけて轟音をとどろかせたという。駐車場からの階段を上ると、陣跡を示す石碑がある。また、途中に激戦地を一望できる展望台がつくられており、臨場感あふれる音声ガイドを聴きながら合戦に思いを馳せることができる。

開戦と動かぬ島津

笹尾山から南へ下り、国道365号線を渡って少し歩くと、北国街道南側の小池村、現在の神明神社に島津義弘陣跡がある。島津義弘は決戦地近くに布陣しながら戦闘には積極的に参加せず、西軍の敗色が決定的になると陣は孤立する。そこで義弘が取ったのは敵中突破という意表をつく戦法だった。薩摩武士の勇猛さを知らしめたが犠牲も多く、1000名の兵士のうち故郷に帰りついたのはわずか80名だった。

義弘の陣の前の道を東へ進み、突き当りを南に歩いていくと「開戦地」に出る。合戦場のほぼ中央、現在の西田公園の入口に標柱が建っている。東軍の福島正則が、井伊隊の抜け駆けに怒って、宇喜多隊を攻撃したところだ。ただ、現在の標柱の位置は、整備のために史跡指定時より約200m北に移されている。

上／島津義弘陣跡
下／開戦地

開戦地のすぐ北には小西行長陣跡がある。行長は、北天満山に布陣、開戦と同時にこの山でのろしをあげ、味方に開戦を知らせた。奮闘するものの早々に戦意を失う。キリシタン大名のため自害もできず、結局春日山中へ敗走してしまった。

さらに南に進み、つきあたりを西に折れると南天満山の天満神社がある。その境内に1万7000の兵を率いて布陣したのが宇喜多秀家隊。開戦と同時に福島隊の猛攻を受け、一進一退の攻防を繰りひろげたという。余談だが、当時17歳であった剣豪・宮本武蔵も、この宇喜多隊の一兵として戦ったといわれている。

薄暗い茂みの中にある宇喜多秀家陣跡の碑は、岡山城を築いた秀家を顕彰するために築城400年にあたる平成10年に岡山市などが建立したものである。

藤堂家が立てた吉継の墓

南天満山の西、関ヶ原の西南にあたる山中村の宮上に、三成の盟友であり、今も三成と人気を二分する大谷吉継《よしつぐ》陣跡がある。石碑に「吉隆」と刻まれているのは、決戦を前に吉継の名が没落した三好義継と同音で縁起が悪いとして改名したためだ。

最初は親友の三成の挙兵を止めようとした吉継だが、結局は懇請を受け、不治の病（ハンセン病のため、醜く爛れた顔を白い布で覆っていた）をおして死装束で出陣した。小早川秀秋が裏切った場合を想定して、自らその盾となる位置に陣を置いた。実際に秀秋が寝返ると、壮絶な攻防の末、大谷隊は壊滅、吉継は乱戦の中で自害を決断したのだ。

大谷吉継陣跡の北約２５０ｍ、吉継が自刃したとされる場所に大谷吉継の墓がある。並んで立っているのは首を敵に渡すなと命じられて吉継の首を隠した、家臣の湯浅五郎の墓だ。

史料によると、吉継の墓は合戦の数年後、直接戦った敵方の藤堂家が立てたものであるという。不利な状況の中で堂々と戦った吉継に畏敬の念をいだいたからであろう。

吉継の友情と心意気に引き寄せられるのか、今も墓前に手を合わせる若い女性の姿が多く見られる。

南天満山の東の藤古川ダムと東海道線の間の畑の中には平塚為広の碑が立っている。為広はもと垂井の城主で、吉継と親しかったために大谷隊に加わり不破の関付近まで進出、藤堂・京極隊と戦う。小早川が寝返ると、引き返して本体に合流し奮戦するが、藤川台で戦死した。

上／宇喜多秀家陣跡
中／大谷吉継の墓
下／平塚為広の碑

勝敗を決めた秀秋の陣

国道21号線から、新幹線と名神高速の

高架をくぐって南へ歩く。

藤古川のほとりに出ると、目の前にひろがるのが小早川秀秋が陣を置いた松尾山だ。標高293mの山頂にある小早川秀秋陣跡へは、ふもとから登山道をのぼることになる。東海自然歩道のコースに含まれており、それなりに整備されているので森林浴を兼ねたハイキングを楽しむつもりで行けばよい。時間的には片道40分程度かかるので、1時間半から2時

小早川秀秋陣跡

間はみておきたいところだ。

山麓に約1万5000の兵を配した秀秋は、午前中は戦いを傍観していたが、午後になってしびれをきらした東軍の威嚇発砲により反旗をひるがえし、大谷隊を攻めてこれを破り、戦局を一気に東軍有利へと一変させたのである。

山頂は広場になっており、土塁で囲われている。中心に松尾山城址と小早川秀秋の碑が立っている。北端の土塁の上に立つと、正面の笹尾山の三成の陣をはじめ関ヶ原が一望できる。手に取るようにわかる戦況をうかがいながら、秀秋は西軍につくか、東軍につくか思い悩んでいたのであろう。

松尾山からの帰り道、藤古川と黒血川の合流地点を西に入ると脇坂安治陣跡だ。かつては賤ヶ岳の七本槍の一人としても知られた安治は、しぶしぶ西軍として参加するが、小早川隊が寝返ると、朽木・小川・赤座隊とともに西軍の大谷隊を攻撃、東軍の勝利を確実のものとしたのである。

戦いの終わり

小早川、それに続く脇坂らの裏切りにより、大谷、小西、宇喜多隊が壊滅する中、三成の隊は午後2時過ぎまで持ちこたえた。しかし、蒲生郷舎や舞兵庫《まいひょうご》らが討ち死にすると、ついに三成も北国街道を辿って逃亡する。

午後3時ころ、島津隊の敵中突破につづいて、南宮山で合戦を傍観していた毛利、吉川、安国寺、長束、長宗我部らの諸隊が先を争って逃走すると、天下分け目の戦いは幕を閉じた。

伊吹山中を抜けて近江に逃れた三成は、21日に家康方の手のものによって捕らえられ、後日、京都の六条河原にて斬首。

大坂城にあった主将の毛利輝元はじめ西軍に加わった諸大名は減封、取り潰しなどの厳しい処分を受けた。

豊臣秀頼も65万石の一大名になりさがることとなり、徳川の覇権確立が明確となったのである。（水崎薫）

郡上八幡城

千代と一豊の銅像

◉郡上市

一豊の妻・千代ゆかりの地を歩く

山内一豊の妻千代の出生地は一般的に近江説が有力だが、近年になりここ郡上八幡説が有力になってきた。平家の流れを継ぎ340年間郡上の地を支配した東氏の支流で、後に初代八幡城主遠藤盛数の娘であるという。千代の母は東氏の出で、切り紙による古今伝授を確立した東氏に伝わる『古今和歌集』巻第二十高野切を千代が持っていたことから、八幡出生説が鮮明になった。なるほど、納得のいく話である。では、日本を代表する賢婦人を育てた地、清廉な水の音を聞きながら郡上八幡を巡ってみよう。

長良川に沿って走る長良川鉄道越美南線郡上八幡駅を降り、街中へ徒歩およそ10分、土産店、休憩所が併設される観光案内所、城下町プラザに向かう。郡上踊りの拍子が鳴り響くにぎやかな店内には、郡上八幡の町を巡るためのウオーキングマップや周辺観光施設の案内などが用意され、情報収集にはうってつけだ。

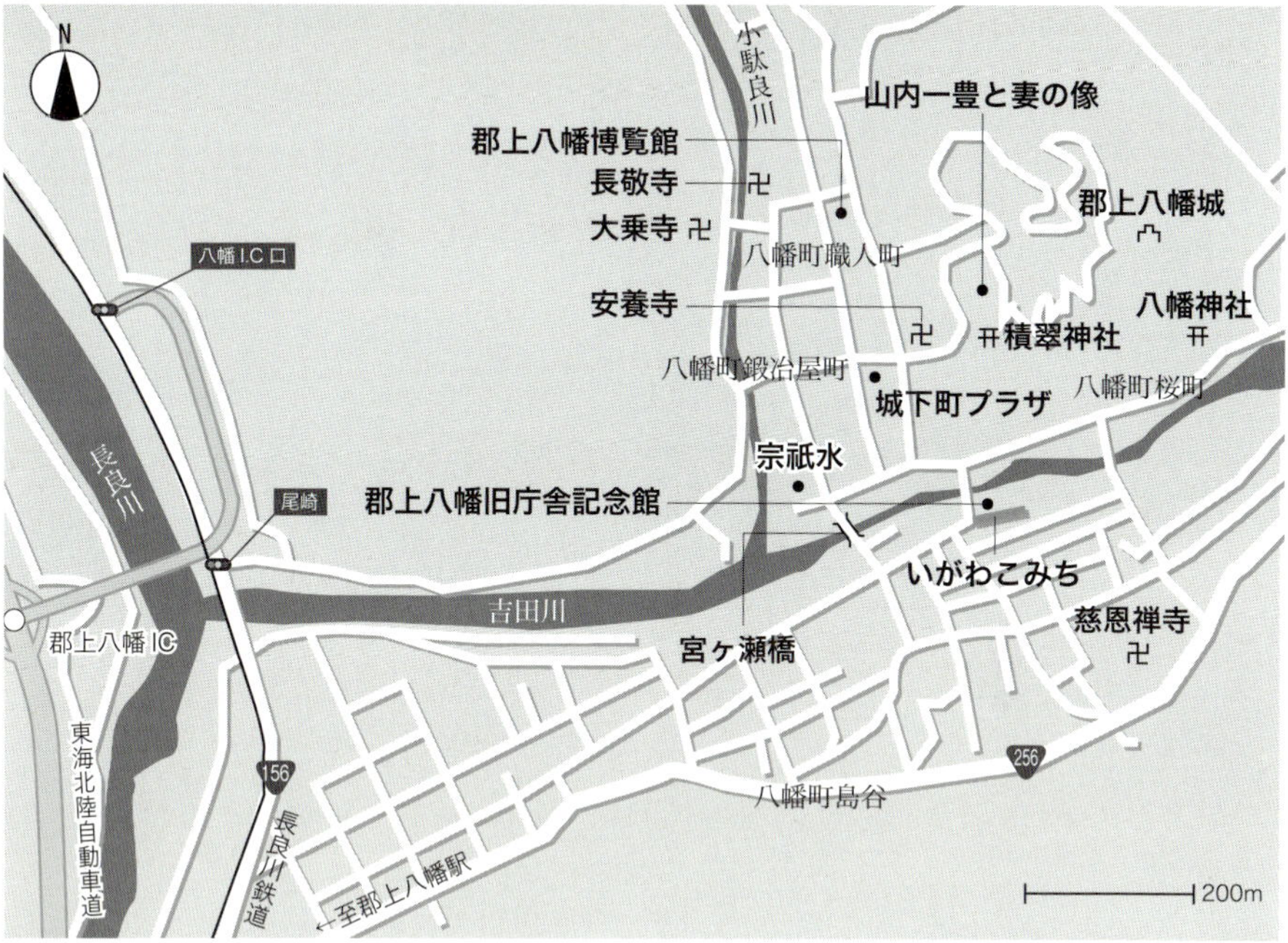

安養寺

陰陽道を取り入れた町

この城下町プラザの裏にある安養寺《あんにょうじ》は別名郡上御坊とも呼ばれ、幾度の移転を経てこの地に落ち着いた。山門を入るとすこぶる立派な本堂に目を奪われる。まさに威風堂々としたたたずまいだ。開山は古く文応元年（1256）にさかのぼる。

戦国の世となり織田信長が本願寺勢力と戦った石山合戦では、本願寺側として朝倉義景・足利義昭・武田信玄に通じ本願寺勢力を助けた。その際の書簡が寺宝として残されている。敷地に併設される宝物館では他にもたくさんのお宝を見ることができる。

安養寺を堪能したらさっそく郡上八幡城へ。安養寺山門横の登城口から緩やかな上りを進むと、千代と一豊の大きな銅像の広場に出る。昔は本丸御殿があり、平時の生活を送っていたそうだ。広場の裏の道を山へ入り10分ほどで天守に到着する。

郡上八幡は縁起のよい場所として、城下町は陰陽道を取り入れて構成された。北の山を背に、南前方に平地があり、東から清流を取り入れ、西から運ばれる食料で生活をする。

「日本一」のご神体

この地を治めた遠藤氏は当初、斎藤龍興《たつおき》につき、のちに千代の兄慶隆の時代には織田信長、豊臣秀吉と、時代の天下人に従い全国を転戦し武功をあげた。慶

天守三層目から郡上の町並みを眺める

隆の代に、千代は母友順尼《ゆうじゅんに》に連れられ関城主永井隼人のもとへ移ったという。

その後、慶隆が秀吉により加茂郡に左遷されると、稲葉一鉄の嫡男貞道がお国入りし、郡上八幡城の大改修をおこなった。現在残る石垣は貞道時代のものであるという。折り重なる石垣を抜けて城門を入ると、手前の櫓と奥の天守をつなぐ白壁が美しい。

現在の天守は昭和に入り再建されたものだが、木造建築で温かみのある雰囲気がとてもよい。3層建て天守の1階には、城に伝わる伝説から、武具や拝領の品々などが展示され見ごたえがある。2階には千代の知恵袋なる良妻としての心得9条が掲示され、じっくり読むとなかなかおもしろい。やりくりは工夫と芸術的センスで、夫の上司やその妻といい関係を築く、さりげない言葉で夫を誘惑しよう、といった項目が実際の史実とあわせ紹介されており、歴史の一幕を身近に感じられる。

3層目では郡上の街と周囲に流れる川を一望。必見の展示物は八幡城の麓にある積翠《せきすい》神社のご神体「日本一」の切り株だ。安政3年（1856）、藩主青山幸成の江戸下屋敷の槙の木が倒れ、その中から日本一の文字が現れた。それがご神体として祀られ今日に伝わるという。

陰陽道でつくられた街といい、日本一のご神体といい、郡上八幡はパワースポットなのである。

鍛冶屋町

伝統受け継ぐ町

さて、郡上八幡城でありがたいご神体に手を合わせたら、城下へ向かおう。城下町プラザから西方面、大手町を通り抜け突き当たりを右手に曲がると、職人町から鍛冶屋町へと町家が続く。建物は比較的新しいのだが、どの家も木造2階建てで窓格子がつき、うだつも上がっている。

そしてなんといっても職人町と記され

た、各家の軒先に掛かるバケツが目を引く。これはたびたびの大火事で町のほとんどが焼けてしまったことを教訓に、防火の備えにしているという。建物や町並みの保存だけではなく、町の歴史から学んだ事柄を、しっかりと受け継ぐ人々の暮らしぶりをぜひ感じてみてほしい。

職人町の突き当たりの長敬寺は、千代の兄慶隆が、諸国を行脚していた東氏本流の止欽を招き初生としたという。また、遠藤氏の菩提寺に指定したことから、この寺には慶隆の墓所がある。

長敬寺の手前を左に、橋を渡った正面の大乗寺も必見だ。江戸時代から伝わる鐘がつられた楼門は鐘撞堂《かねつきどう》もかねており、歴史の趣とともにどことなくユニークな表情を見せる。この寺も慶隆の招請による。寺に伝わる木造の鬼子母尊神は、大火の折にも災害を免れたため霊験あらたかであるとされ、今日でも祈祷に訪れる人が多いそうだ。

手厚く守られてきた名水

職人町、鍛冶屋町をさらに南下すると本町に差し掛かる。ここが昔の目抜き通りだ。軒を並べる商店のしつらえもなかなか凝っていて、歩くだけでも楽しい。中でもひときわ大きく目立つ店舗が桜間見屋本店だ。名物の肉桂玉《にっけいだま》、ハッカ飴はお土産に喜ばれそうな逸品である。

郡上の名水、宗祇水はこの店舗のちょうど裏にある。藤原定家の二条流を継承し古今伝授を確立した東常縁《とうのつねより》が、その『古今集』の奥義を伝えたのが宗祇である。その宗祇が愛用した清水が後に宗祇水と呼ばれるようになった。人々はこの国内最高水準の文化交流の地を、手厚く守り伝えてきた。

上／職人町　のき下にかけられたバケツ
中／遠藤氏の菩提寺である長敬寺
下／大乗寺楼門

自然を巧みに取り入れた暮らし

吉田川を渡り、町の南側を東に戻ると郡上八幡旧庁舎記念館がある。その奥のいがわこみちは、郡上が水の町であることを今に伝える。

細い水路の脇には簡易な水場が設けられ、以前は生活の炊事場として活用されていた。この水路には厳しい法度があり、破ると厳罰に処されるのだ。たとえば、この水路に泳ぐ鯉を捕まえたら、市中引き回しである。おかげで水路に泳ぐ大量の鯉は丸々と太って美味しそうだ。まあ法度はさておき、家々の間を流れる水の音を聞きながら生活するのも悪くないかもしれない。

上／桜間見屋本店
下／宗祇水

いがわこみちの間を抜け、庶民的な雰囲気の町並みを楽しみながら南下、郡上街道の手前にある慈恩禅寺へ訪れる。こちらも千代の兄慶隆により招請された寺で、名勝荎草園《てっそうえん》を奥庭に有する。座してゆっくりと庭を眺めれば、季節とともに紡いできた日本の文化を再発見できそうである。

清流が町中を流れ、町のどこからでもお城が見える郡上八幡。自然を巧みに取り入れ生活に生かす知恵と柔軟さ、高い文化を守る人々の気概が、賢妻千代を育む土壌となったのかもしれない。四季を通じて違う表情を見せてくれる、何度でも訪れたくなる町である。（田中千奈、写真協力＝内藤昌康）

慈恩禅寺

上／郡上八幡旧庁舎記念館
下／いがわこみち

三重

東海　戦国武将ウォーキング

九鬼嘉隆（常安寺蔵）

●津市

藤堂高虎とお江ゆかりの「津」を歩く

津城本丸跡に立つ藤堂高虎

藤堂高虎は、最初は浅井長政に仕えるが、姉川の戦いで浅井氏が滅ぶと、阿閉貞征《あつじさだあき》、磯野員昌、織田信澄、豊臣秀長、豊臣秀保、豊臣秀吉、徳川家康と、次々に主を替えていった。それだけに、「変節漢」、「風見鶏」として否定的に描かれていることが多いが、徳川家康からは「築城の名手」として、外様大名でありながら譜代大名格として重用された。

津は、戦国時代までは安濃津《あのつ》と呼ばれ、堺津、博多津と並ぶ日本三大津として古くから栄えた湊町である。江戸時代には、藤堂高虎が初代藩主となり、津藩32万石。藤堂家十二代にわたり城下町として発展をとげた。

津駅から四天王寺

本コースは、JR・近鉄「津」駅〜近鉄「津新町」を歩く、約4時間のコースである。ルート上には、高虎だけではなく、織田信長の母・土田御前《どたごぜん》や浅井三姉

妹の史跡も点在している。最近は、NHK大河の影響か、浅井三姉妹「お江」ゆかりの史跡を訪ねる方が増えているようである。

　それでは津市の表玄関「津」駅東口から出発しよう。

　駅前ロータリーを抜け真っ直ぐに歩いて行くと国道23号にたどり着くが、その1本手前を右折する。23号線とはうってかわった静かな裏道である。県庁前の大きな公園を右手に見ながらさらに進むと、右手に四天王寺が見えてくる。それほど大きくはないが、歴史を感じる建造物と、良く手入れされた佇まいが名刹であることを物語っている。

　山門をくぐり、まずは参拝。ここは正称を塔世山《とうせざん》四天王寺という曹洞宗の中本山だ。推古天皇の勅願により、聖徳太子が建立したと伝わる。元和5年（1619）、津城に入国した藤堂高虎が改築、二代藩主高次が寺領を寄進して寺勢を取り戻した。本寺には高虎の正室・久芳院《くほういん》の墓と、驚くことに織田信長の母・土田御前の墓がある。土田御前は晩年、息子の信包《のぶかね》を頼り、遠く安濃津へ移り生涯を過ごしたのだそうだ。津は織田家とのかかわりも深い。

四天王寺

　先を急ごう。四天王寺からしばらく歩くと安濃津川に突き当たる。ここを左折し国道23号線に出て、塔世橋を渡る。塔世橋には、先の戦災で受けた弾痕が、戦災遺跡として残っている。安濃津川の美しい景色に見とれてしまうが、橋を渡る際には、確認してみよう。

日本三観音の一つ、津観音

欅並木が続く国道23号線を歩き、次は津観音と寺町をめざす。塔世橋を渡り約600mほど進み「大門西」の交差点を左折し「たてまち商店街」へ向う。左折ポイントは「DAITATE」と書かれたアーチが目印だ。大門商店街のアーケードを左に曲がると津観音がある。津観音は、東京の浅草、名古屋の大須観音と並び日本三観音に挙げられており、江戸時代には歴代将軍家、津藩藤堂家の祈願所として特別な加護を受けたそうだ。朱に塗られた五重塔、観音堂、護摩堂などがあり人々の憩いの広場になっている。

ここの資料館には藤堂高虎、豊臣秀吉、徳川家康の肖像画のほか、高虎の黒印状、書状、豊臣秀吉の朱印状、伊達政宗、千利休、徳川秀忠の書状などが保管されている。それだけでも訪問する価値がある。

藤堂家の威光

さて、津観音の後は、アーケードのある大門商店街を通りフェニックス通りへ出る。南国の景色を思わせるこの通りを左折し、しばらく歩くと寺町だ。寺町は高虎が海からの防備のために築いた。西来寺、上宮寺などに立ち寄り、藤堂家の墓所がある寒松院《かんまついん》へ向う。異様なほど大きい五輪塔が外からも見える。

上／土田御前の墓
中／久芳夫人の墓
下／塔世橋

津観音

中に入ると、墓の大きさと迫力に圧倒されるだろう。今までの墓所のイメージを覆すほどだ。決して広くないこの一角に、初代の高虎など津藩の歴代藩主の墓と分藩である久居藩主の墓が整然と並ぶ。その数、なんと26墓。藤堂家の威光を窺い知ることができる。

フェニックス通り

精緻に積まれた石垣を堪能

寒松寺から藤堂高虎の居城・津城までは歩いても数分の距離だ。岩田川に沿って北西に向かい国道23号線を右折。フェニックス通りの1本手前を左折すると津城の櫓が見えてくる。

現在、お城公園となっている津城は、永禄年間（1558〜1570）に、この辺りを支配した長野氏の一族である細田藤敦が安濃津城として築城した。その後、織田信長の伊勢侵攻により、信長の弟の信包が入城し、天守を築いた。信長によって浅井氏が滅んだ後は、浅井長政の正室・お市の方と浅井三姉妹（茶々・初・江）が信包の下に引き取られ安濃津城で暮らした。津市では「お江ゆかりの地」として観光キャンペーンを展開している。関ヶ原の戦いの後は、藤堂高虎が城主となり、近代城郭として大改修され津藩の藩庁となった。江戸時代の津城は、中央に内堀で囲まれた本丸を配し、それに付随した東之丸、西之丸があり、その外側を二之丸が囲っていた。

現在、本丸は「お城公園、お城西公園」として整備され三層の丑寅櫓が復元されている。二之丸は津市役所、裁判所、津警察署などの官庁街となっている。築

上／西来寺
中／上宮寺
下／寒松院

上／津城の石垣　右下／津城の櫓　左下／津城の堀

城の名手・藤堂高虎の城だと思うと、公園の周囲をひと回りし、石垣を眺めるだけでも楽しい。所どころ修復はされているが、精緻に積まれた石垣が堪能できる。高虎の銅像は公園の真ん中にあり、絶好の撮影ポイントとして利用したい。隣接する高山神社は高虎を祭神とする藤堂家ゆかりの神社である。津城を訪れた際は、ぜひ参拝していただきたい。（長屋良行）

◉松阪市

名将・蒲生氏郷が築いた城と城下町を歩く

松阪城の大手門

蒲生《がもう》氏郷《うじさと》という戦国武将がいる。短命であったため、あまり一般には知られていないが、実は、あまたいる武将の中でも「屈指の大器」といわれた名将である。織田信長が氏郷の才能に惚れ込み、自分の娘を与え、わざわざ義理の息子にしたほどである。松阪城と、その城下町には氏郷の想いが込められている。

蒲生氏郷は、郷里の日野から近江商人、伊勢大湊から伊勢商人を招き、海岸近くを通っていた伊勢神宮への参宮街道を城下町に移すなど商業によって松阪を活性化させた。そこから日本を代表する商家・三井家や江戸で活躍した松阪商人が生まれた。松阪を歩くと、町のあちこちに氏郷の想いを感じることができる。さて、スタートはＪＲ松阪駅だ。まず駅に隣接する観光情報センターでの情報収集を忘

松坂駅

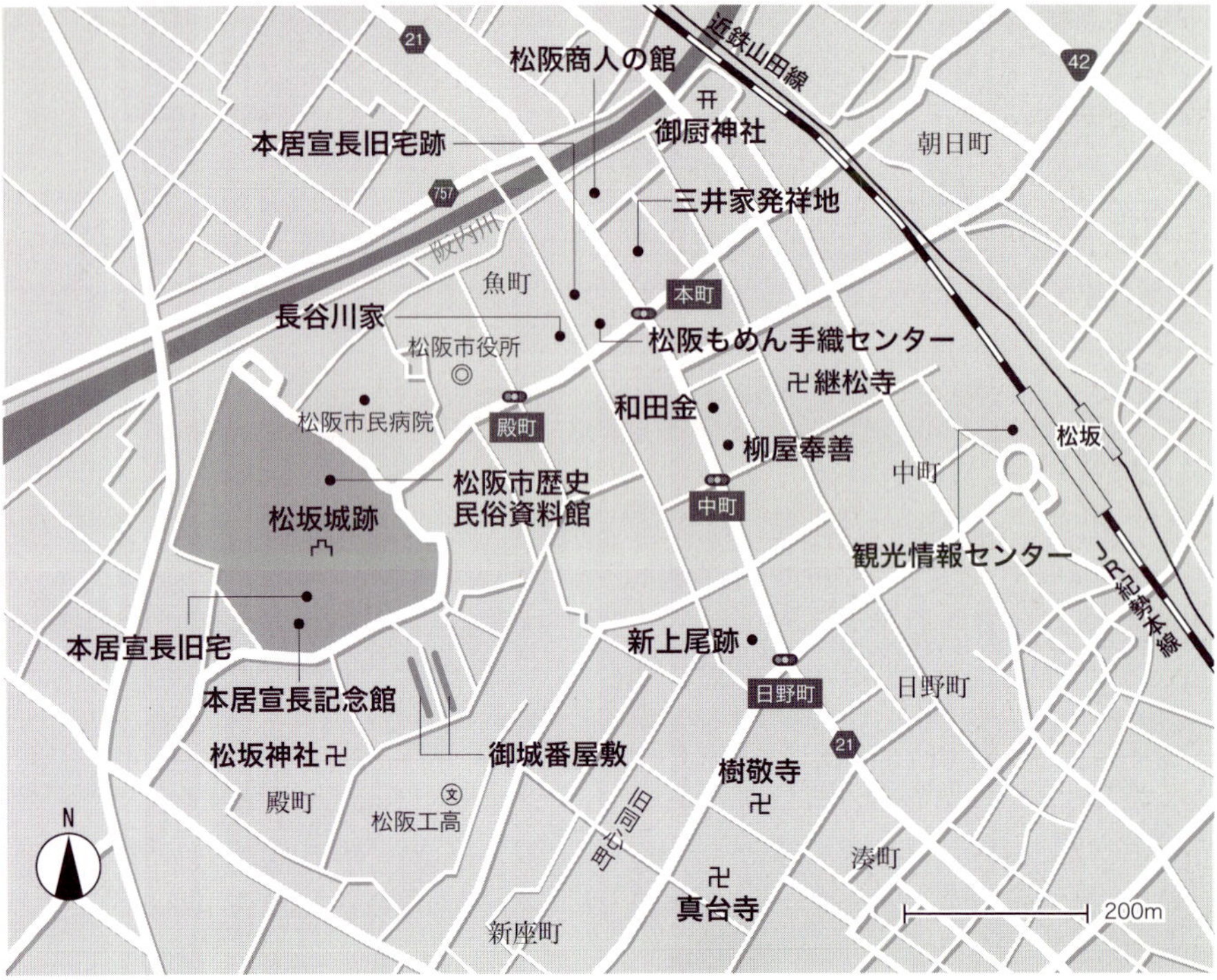

れずに。観光地だけに、数種類のパンフレットが用意されている。

商人の町・松阪

メインロードをまっすぐ進み、2つ目の信号を右に曲がると職人町に入る。地名には残っていないが、この辺りは寺町のようで、荘厳で歴史のある寺が密集している。ひとつ覗いてみよう。

しばらく行くと継松寺《けいしょうじ》がある。別名岡寺観音と呼ばれ、厄除けに霊験あらたか。氏郷ゆかりの寺ではないが、思わず手を合わせたくなるほどの佇まいだ。

次は、継松寺の山門を背に観音小路を通り、旧参宮街道へ出る。大きな交差点を渡ると、いよいよ城下町の趣が残る本町だ。ここに1歩足を踏み入れると、時代と空気が変わった感じがする。右手に三井家発祥地がある。門しか残っていないが、立派な屋敷であったことが想像で

上／継松寺
下／三井家発祥地

きる。そのすぐ横が松阪商人の館。ここは見学（有料）できるので、ぜひ寄ってみよう。

この屋敷は、松阪商人・小津清左衛門家住宅跡だ。小津家は、江戸時代に木綿店や紙店を営んだ豪商で、紀州藩の御為替御用も命じられている。蔵や座敷、中庭など、当時の暮らしぶりが感じられる。江戸の俗諺に「江戸名物、伊勢屋、稲荷に犬の糞」とあるように、江戸の町には伊勢屋を号とする店が多かった。蒲生氏郷のＤＮＡを受け継いだ松阪商人たちは、次々と江戸で成功を収め、松阪の城下町は栄華を極めた。

日本100名城のひとつ

松阪商人の館の次は、城下町を歩きながら松坂城跡へ向おう。阪内川沿いを1

上／松阪商人の館
下／商人の館の土間

上／魚町
下／本居宣長宅跡

【DATA】

◉松阪商人の館／松阪市本町 2195 番地／ 9：00 ～ 16：30（10月1日～3月31日は16：00）／休館：月曜・祝日の翌日・年末年始／一般 200 円・高中 100 円／ 0598-21-4331

◉歴史民俗資料館／松阪市殿町 1539 番地／ 9：00 ～ 16：30（10月1日～3月31日は16：00）／休館：月曜・祝日の翌日・年末年始／一般 100 円・高中 50 円／ 0598-23-2381

◉御城番屋敷／松阪市殿町 1385 番地／ 10：00 ～ 16：00 ／休館：月曜・年末年始／入館無料／ 0598-26-5174

本南に下り、魚町橋のたもとを左折すると、江戸時代の町並みを思わせる魚町に入る。松坂牛で知られる牛銀本店の向いには本居宣長旧宅跡がある。観光客の姿が見え、絶好の撮影ポイントになっている。そして、旧商家・長谷川邸を右に曲がると正面に松坂城跡が見えてくる。蒲生氏郷は、天正12年（1584）に、豊臣秀吉から伊勢国12万3千石を与えられ松ヶ島城に入城した。天正16年（1588）に、松ヶ島城を現在地へ移し、縁起の良い松と大坂城の坂の字をもらい松坂城（現在は松阪城）と改名した。城の縄張りは、東に大手、南に搦手を配し、外郭に深田堀や水掘をめぐらせた。本丸の南に二ノ丸が置かれ、本丸には3重5階の天守があり、敵見、金の間、遠見、月見などの櫓もあった。

現在は「日本100名城」にも選ばれており、平成23年2月には、国の史跡に指定され話題となった。現存する野面積みの石垣が城の象徴として残り、公園としても「日本の歴史公園100選」の1つとして市民に親しまれている。城内には伊勢木綿や伊勢白粉の関係資料を展示した歴史民俗資料館や、本居宣長直筆の『古事記伝』が展示されている本居宣長記念館がある。

上／歴史民俗資料館
中／御城番屋敷
下／資料館の展示

往時の面影が残る武家屋敷街

搦手門からお城を出ると御城番屋敷《ごじょうばん》がある。ここは城の警護をまかされた紀州藩士とその家族が住んでいた武家屋敷だ。石畳と端正に刈り込まれた槇垣が続き、文久3年（1863）に建てられた江戸時代の住居12戸は現在も使用されており、国の重要文化財に指定されている。武家屋敷を抜けると、そこは松阪神社の参道だ。階段を上ると境内は、思ったより広い。せっかくだから参拝しよう。松阪神社は千年以上の歴史を持つ古刹で、天正16年（1588）、氏郷は松阪神社の森に松阪城を築城し、当社を鎮守として八幡神を合祀した。

境内には樹齢800年の巨木があり、いかにも御利益がありそうなご神木である。次に、右手に松阪工業高校を見ながら殿町（旧同心町）を通り町の中心部へと向かう。閑静な住宅街が続く。それもそのはずで、ここは同心と呼ばれた武士たちが住んでいた場所。今でも当時の武家屋敷が点在し、昔の景観がそのまま残っている。今にも美しい槇垣から武士が顔を出しそうだ。

松阪神社と境内にある御神木

旧同心町

会津若松の礎もつくった氏郷

その後、蒲生氏郷は、わずか6年で奥州の黒川に転封する。豊臣秀吉が、松阪での功績を認め、伊達政宗の押さえと見込んで奥州に移動を命じたのである。氏郷は、ここでも黒川という地名を、縁起の良い「若松」に改め、近江（松阪）商人を連れていき、城下町を建設し、一大商業都市をつくりあげた。それが今の会津若松である。氏郷は、92万石の大大名として、秀吉の次を狙える器と噂されたが、秀吉に先立ちわずか40歳で死没してしまうのである。（長屋良行）

●鳥羽市

戦国最強・九鬼水軍ゆかりの『鳥羽』を歩く

鳥羽城の石垣跡

鉄甲船で毛利水軍を破り、戦国最強と謳われた九鬼水軍。その総帥が九鬼嘉隆だ。嘉隆は、織田軍の水軍を率いて八面六臂の活躍をする。しかし関ヶ原の戦いでは西軍につき、東軍についた息子と対立、自刃へと追い込まれる。鳥羽水軍の本拠地・鳥羽城には、そんな悲しい物語がのこっている。

JR・近鉄鳥羽駅で電車を降り、JR側の出口から出る。賑やかな近鉄側の出口とは打って変わって、裏口のイメージが漂うが、かつてはこちら側が鳥羽の繁華街であった。明治から昭和30年代まで「まちあい」と呼ばれた遊郭が本町・大里を中心に栄え、その面影が今も残る。うら寂れた港町独特の風情が、何ともいえぬほど美しい。

ガイドセンター

線路に沿って少し歩くと昔ながらの赤福の店がある。そこを左に入ると本町通だ。通りの入り口に鳥羽市歴

史文化ガイドセンターがあるので、資料の入手や道案内に利用したい。散策路をどんどん歩き、突き当たりを左に曲がる

左上／常安寺　右上／赤福　左下／御木本幸吉生誕地　右下／町並み

と九鬼氏の菩提寺・常安寺がある。駅から約1㎞の距離だ。九鬼嘉隆の子・守隆《もりたか》が慶長12年（1607）に、父の供養のために建立した。境内には九鬼嘉隆が寄進した石灯籠や鰐口、九鬼氏の廟所がある。嘉隆自刃の短刀や肖像画も収蔵されているが公開はされていない。瓦には九鬼氏の家紋である巴紋と七曜紋が使われており、九鬼氏の想いが伝わってくるようだ。

海に浮かぶ城

常安寺を訪れた後は、大里通りを通り鳥羽城跡へ向かおう。遊郭街の風情が残る細い路地には、鳥羽みなとまち文学館や御木本《みきもと》幸吉《こうきち》生誕の地がある。もし時間が許すのであれば寄ってみるのも楽しい。

この文学館は鳥羽にゆかりのある江戸川乱歩と画家・岩田準一の資料を展示している。大正時代の民家を利用しているため、おどろおどろしい乱歩の世界をほうふつとさせる。また、真珠王・御木本幸吉も、この地で生まれた。生家は阿波幸といううどん屋を営んでいたそうだ。

さて、鳥羽城跡へは相橋から登城しよ

上／みなとまち文学館
右／鳥羽の通り

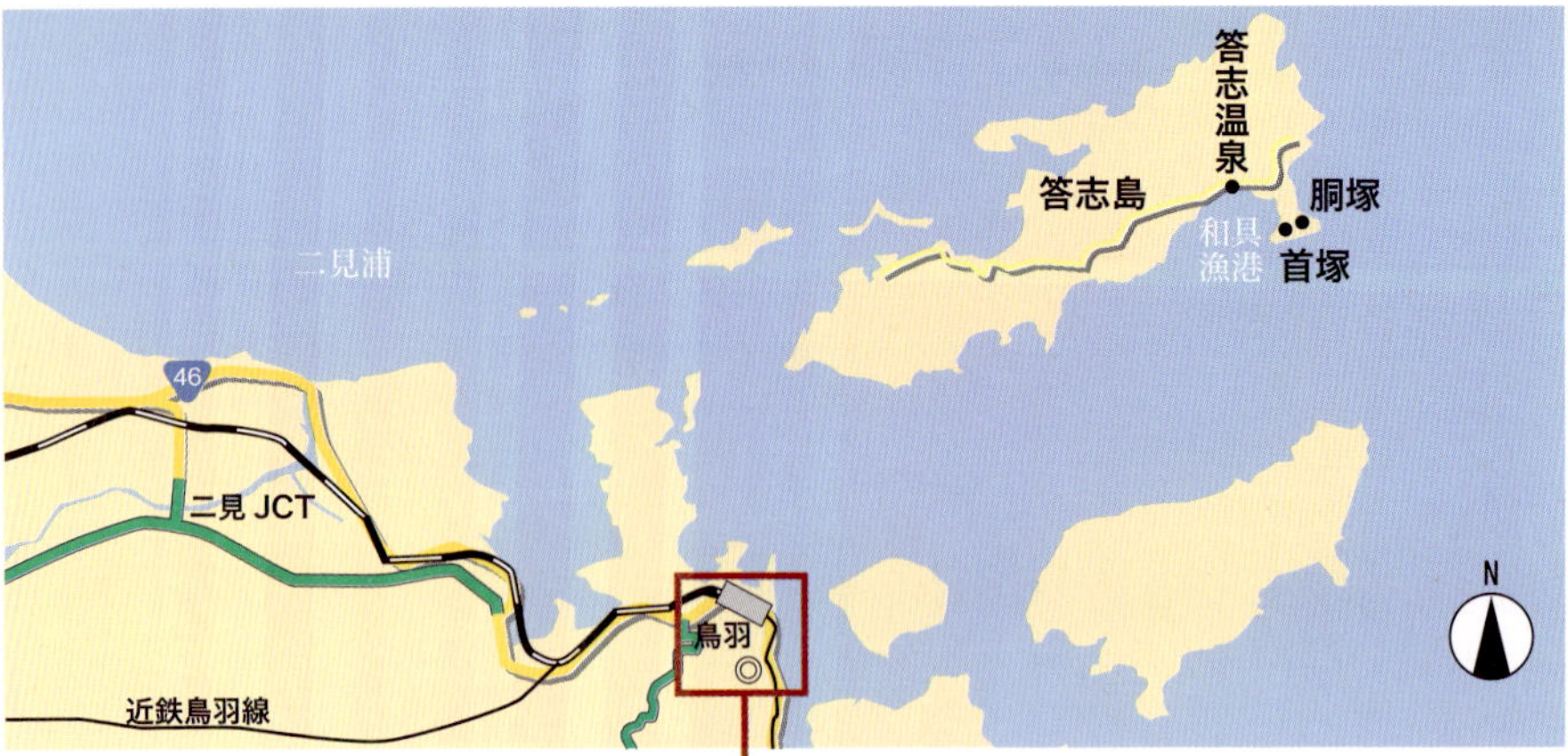

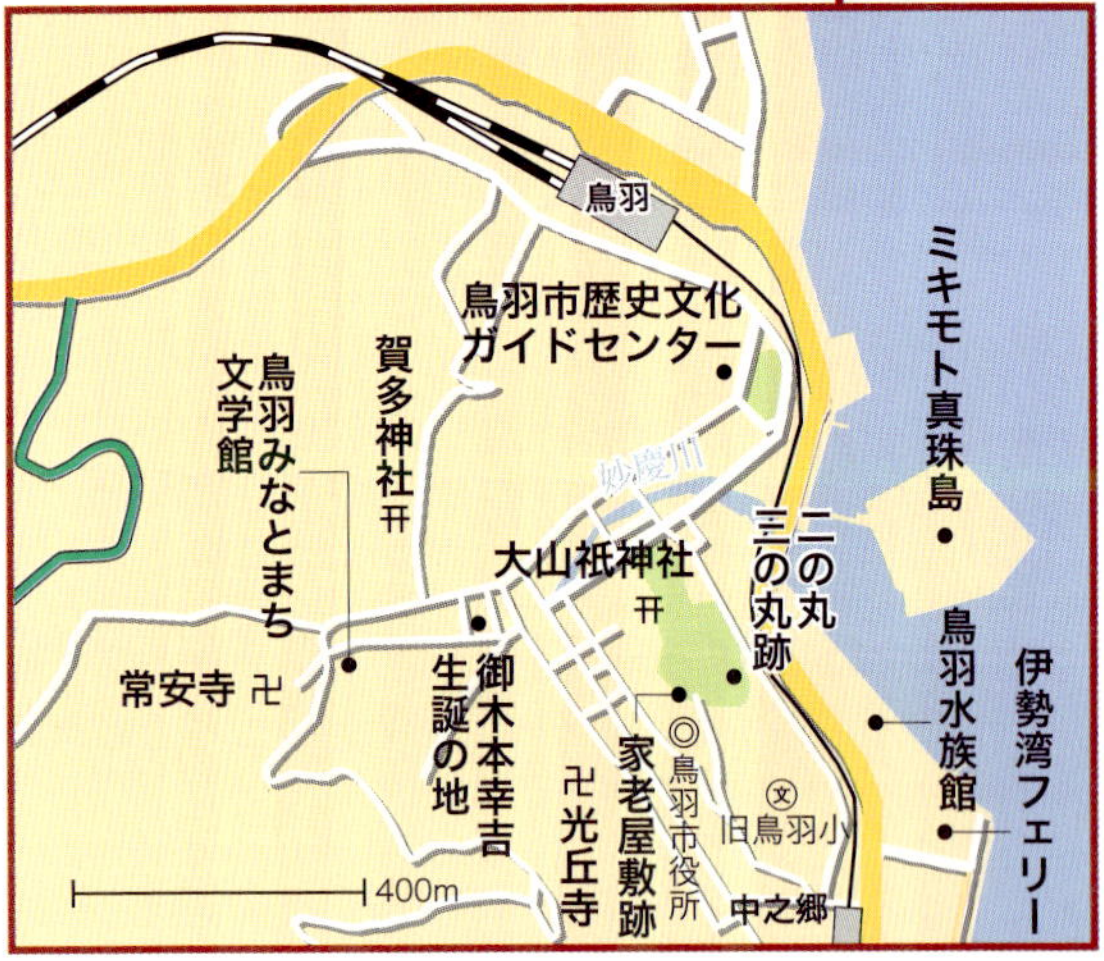

う。相橋は、武家屋敷から鳥羽城へ上がる鳥羽藩士が使った橋で、城への玄関口であった。

鳥羽城は、本丸、二の丸、三の丸で構成された平山城で、鳥羽駅前にそびえる小山をまるごと使った城郭である。現在は、山の麓に国道が走っているが、当時は海に向って大手門を設け、麓は断崖絶

鳥羽城本丸跡

鳥羽城址の神社

上／本丸跡からの眺め　右下／三の丸跡　左下／旧鳥羽小学校

壁。海に浮かぶ城として、まさに水軍の城にふさわしい威勢を誇っていたと思われる。

　明治に城は破壊され小学校や市役所が建てられたが、今も石垣や土塁跡が残り、縄張りの全形を把握することができる。二の丸の「大山祇神社」は、九鬼嘉隆が鳥羽城を築城する際に邪魔をしたという伝説の三鬼神が祀られている。その先には家老屋敷跡があり、野面《のづら》積みの石垣をみることができる。

　本丸跡は空き地になっており、どうやら小学校のグラウンドに使われていたらしい。ここで一息ついて鳥羽港を眺めていただきたい。小さな島々が浮かび、リアス式海岸ならではの美しい眺望が広がる。天気の良い日は、知多半島や渥美半島の向こうに富士山が見えることもあるそうだ。三の丸広場は、残っていた石垣を整理して観光地として、平成22年春に公開された。

海側から描かれた鳥羽城絵図（鳥羽市立図書館蔵）

九鬼水軍の盛衰

九鬼嘉隆ゆかりの鳥羽城を訪れた後は鳥羽から船に乗り、嘉隆が自害した答志島にも行ってみよう。その前に嘉隆の人生を振り返ってみたい。志摩一帯を支配した嘉隆は、織田信長に仕え、長島一向一揆と戦った。長島攻め、鉄板を張った装甲船で雑賀党や毛利（村上）水軍を撃破した「木津川河口の海戦」などで大活躍し水軍最強の名声を得る。信長亡き後は豊臣秀吉に仕えた。朝鮮出兵の際は、連合艦隊の総司令官として参戦。嘉隆は、全長33・6mの日本丸を造船し、日本丸を中心とする50隻の船団を指揮した。

しかし、嘉隆の栄光もここまでだった。慶長5年（1600）、関ヶ原の戦いでは西軍として出陣。息子・守隆が東軍についたため、真田氏と同じように親子で戦う結果となった。西軍が敗れたため、嘉隆は紀州に逃れようとしたが果たせず、波切を経て答志島の潮音寺《ちょうおんじ》に潜伏した。守隆は徳川家康に父の助命を願い出てそれが認められたが、その知らせが届く前に、嘉隆は答志島の洞泉庵《とうせんあん》で自害した。切腹に使われた短刀は今も常安寺に残る。

嘉隆の眠る築上岬

答志島へは、佐田浜の「鳥羽市営定期船のりば」から船を使う。片道約20分、大人530円・小人270円。便数が少なく、季節によっても変わるので、あらかじめ時刻表を確認した方がよいだろう。鳥羽港から船に乗り、答志島和具港で降りる。和具の町を抜け右手の小高い丘をめざすと、和具公民館の近くに山道がある。そこに洞塚があり、山道を上った所に首塚がある。自害した嘉隆の首は、いったん京都の伏見に首実検のため送られた。その後、生前からの嘉隆の遺言により、首は築上岬の山頂（67m）に埋葬された。そこは、いつでも鳥羽城が見渡せる絶景ポイントであった。（長屋良行）

鳥羽市営定期船乗り場

東海 戦国武将ウォーキング

滋賀・静岡

徳川家康

◉滋賀県近江八幡市安土町

幻の名城・安土城を歩く

地上6階・地下1階、八角形の天主を誇った壮大な城。信長の「天下布武」を象徴する安土城は、完成からわずか3年たらずで、紅蓮の炎の中に消えた。400年を経た今、発掘調査が進み、少しずつ姿を現しつつある覇王の夢の跡を歩いてみよう。

「どうだ、これは」

　信長が自分で描いたのだろう。美濃紙になにやら建物の絵図が見えた。

「天守でござりますか」

「近江に新しい城を築く。見てみろ」

　又右衛門は絵図をおしいただいた。描いてあるのは、唐の山水画にある楼閣をとてつもなく大きくしたような唐様の櫓だった。


　平成16年に、直木賞作家・山本兼一氏が発表した「火天の城」の一節だ。克明に再現された安土城築城の物語で、平成21年には映画化もされた。この本や映画によって、安土城に興味を持たれた方も少なくないだろう。

　長篠の戦いに勝利した信長は、天正4年（1576）琵琶湖湖畔安土山に、天下布武を象徴する巨大城郭の建設を開始する。3年後、近世城郭の出発点となった革新的な城が完成した。しかし完成からわずか3年。信長が本能寺で非業の死をとげると、何者かが放った火によって炎に包まれ、安土城はその姿を消してしまったのである。

天守のイメージをつかむ

　安土城址に立つ前に、まず天守のイメージをはっきりとつかんでおきたい。

　JR琵琶湖線安土駅を出ると、織田信長像が迎えてくれる。安土城築城の指揮をとる姿だという。地下道をくぐって線路を越えて、まず訪れるのは安土町城郭資料館だ。（JR西日本などが設定しているモデルコースとは逆回りになる）

　資料館には、20分の1で再現された安土城のひな形がある。電動式で左右に分かれ、間に立つと内部構造をじっくり観察することができるほか、安土に関する資料が多数集められている。特製のエスプレッソコーヒーを味わいながら、資料映像を観るというセットも用意されているので、天守の構造をしっかり頭に入れておこう。

安土町城郭資料館にある安土城のひな形

信長の館

資料館を出たら、加賀団地口の信号を目指す。ここから北東へ、ひろがる田園風景を楽しみながら歩くと、文芸の郷 安土城天主 信長の館と隣接する県立安土城考古博物館が見えてくる。

信長の館には、安土城天守5・6階部分を原寸で復元したものが展示されている。1992年のスペイン・セビリア万博の日本館メイン展示のためにつくられたもので、終了後に安土町が譲り受け、新たな復元部分を加えたものだ。迫力の外観、絢爛豪華な内部を間近に見ることができる。

おなじ敷地にある考古博物館には、現在も進む安土城跡発掘調査の速報コーナーをはじめ、安土城と信長に関する資料が豊富に展示されている。

覇王の夢の跡に立つ

安土城天守のイメージがはっきりしたところで、いよいよ城址を訪ねよう。

博物館を出たら、JR琵琶湖線のガードをくぐり、県道を西に歩く。10分ほどで右手の安土山に安土城址の大きな看板、その先に石碑が見える。ここを右折すれば、大手口に到着だ。

城跡の見学の所要時間は、登って降りるだけなら所要時間は1時間くらいだが、できるだけ時間をとってゆっくりとしたい。登り口で入場料を払う。平成16年から有料となっており、大人500円。日曜・祭日に限っては、總見寺《そうけんじ》仮本堂が公開（茶席付きで1000円）されるので、共通券を購入することをお勧めする。

山腹までほぼ真っ直ぐにのびる大手道の石段を登っていこう。築城当時は、この大手門の正面に天主が望まれたという。

平成元年から始まった発掘調査の結果、築城当時の石段が姿を現し、復元し整備された。踏石には石仏も用いられたようで、ところどころそれが見られる。

安土城図（大阪城天守閣蔵）

大手道の石段

進んでいくと、まず右手に伝前田利家邸跡、つづいて左手に上郭・下郭2段になった伝羽柴秀吉邸跡がある。さらに急段を登った右側に總見寺仮本堂がある。

大手道に戻り、先に進む。道は左右に折れつつ続く。左に美濃斎藤氏から信長の側近になった伝武井夕庵《せきあん》邸跡、右に總見寺墓地を過ぎる。伝織田信忠《のぶただ》邸跡の前で、道が分かれる。左は總見寺跡から百々《どど》橋《はし》へ降りる道だ。右に進み、急傾斜を越したところが、城の中心部に入る門跡の一つ黒金門跡で、さらに左に進むと伝長谷川秀一邸跡と織田信雄《のぶかつ》四代供養塔、その向こうが伝森蘭丸邸跡だ。前進して、仏足石の前を左に登ると、二の丸跡に至り、奥に本能寺の変の翌年に秀吉が建てたと伝えられる信長廟所がある。

二の丸を蛇石かとも言われる謎の巨石の前を奥に進むと、『信長公記《しんちょうこうき》』にある「御幸の御間」と思われる本丸跡（その奥が三の丸跡）。ここからさらに登ったところが天主跡である。地上6階・地下1階、天下布武の象徴だった高楼は焼失し、今は礎石が残っているだけだ。石垣の上に立って、しばし天主台からの景色を楽しもう。信長が愛したであろう景色だ。標高１９９ｍの安土山は、琵琶湖に突き出た半島状の山で、当時は北と東西の三方は内湖に囲まれていた。しかし、埋め立てにより、今その面影は残っていない。

安土山内に建立した寺

天主跡で、信長が安土城に込めた天下布武への思いを感じとったら、帰路につこう。

伝織田信忠邸跡まで降りて、今度はここから右の道を下っていくと信長がこの安土山に建立した總見寺跡がある。裏門跡、鐘楼跡を過ぎてすぐ、右手の少し高くなった広場が本堂跡にあたる。ここから西方面の展望もすばらしい。西の湖の向こうに長命寺山や比良山系を望むことができる。とくに夕景はお勧めだ。

本堂跡の反対側少し下がったところには三重塔、さらに急な石段を降りると二王門がある（他の寺からの移築と考えられている）。總見寺は廃城後も信長の菩提寺として存続したが、嘉永7年（１８５４）の火災で焼失、この塔と門だけが

上／伝羽柴秀吉邸跡
中／天守跡
下／總見寺三重塔

残ったのだ。現在、本堂は先に訪れた場所に移されている。

このまま下っていくと百々橋口に出るのだが、現在はそちらへは降りることができないので、石造三重仏塔を過ぎたあたりで左に続く道に入り、伝羽柴秀吉邸跡に出て、大手道を下りることにしよう。

宣教師を優遇した信長

さて、駅に戻る前にもう一カ所、下豊浦北の信号からすぐにあるセミナリヨ跡（セミナリヨ史跡公園）に寄っていこう。

イエズス会宣教師を優遇した信長は、キリスト教の布教を許可した。セミナリヨは、天正9年（1581）イタリア人宣教師オルガンティーノが創建した日本初のキリシタン神学校だ。その跡地が現在、公園として整備されている。

オルガンティーノは、霊操を中断して窓辺に駆け寄り、山を見上げた。

安土山の頂上が、たしかに赤くおぼろに染まっていた。七層の塔の下のあたりに赤い炎が見える。不気味な赤い光を背に、塔全体がくっきりと黒い影を見せている。

炎は、ゆっくり時間をかけて広がった。（『火天の城』より）

信長は、セミナリヨを訪れ奏でられる西洋音楽に聞き入ったり、宣教師たちを安土城に招きヨーロッパの話を聞くことを楽しみにしていたという（オルガンティーノが安土城を訪れたときのことが、ルイス・フロイスの『日本史』に描かれている）。オルガンティーノは、安土山の炎を見て何を思ったのだろう。

セミナリヨ跡

なお、セミナリヨもまた、安土城炎上の際に焼失してしまったのである。

（水崎薫）

【DATA】

◉安土町城郭資料館
近江八幡市安土町小中 700 ／ 9:00 ～ 17:00 （入館は 16:30 まで） ／月曜・祝日の翌日・年末年始休館／大人 200 円／ 0748-46-5616

◉文芸の郷 安土城天主 信長の館
近江八幡市安土町桑実寺 800 番地／ 9:00 ～ 17:00 （入館は 16:30 まで） ／月曜・祝日の翌日・年末年始休館／大人 500 円／ 0748-46-6512

◉県立安土城考古博物館
近江八幡市安土町下豊浦 6678 ／ 9:00 ～ 17:00 （入館は 16:30 まで） ／月曜・祝日の翌日・12/28 ～ 1/4 休館／大人 400 円 （特別展は別途） ／ 0748-46-2424

◉安土城跡
滋賀県近江八幡市安土町下豊浦／季節により変動あり／大人 500 円／ 0748-46-4234 （安土駅前観光案内所）

◎滋賀県長浜市

石田三成と「姉川の戦い」ゆかりの地を歩く

長浜歴史博物館

戦国ファンにとって長浜の地は、格別の思いをいだかせる場所ではないだろうか。関ヶ原の戦いで敗軍の将となる石田三成の生誕地であり、太閤秀吉と運命の出会いをした場所。織田・徳川連合軍と浅井・朝倉連合軍が激突した姉川古戦場、戦国の合戦を変えたといわれる国友の鉄砲鍛冶など、戦国ロマンを堪能できる地である。

天正元年（１５７３）、織田信長の浅井長政《ながまさ》攻めで活躍した木下藤吉郎（のちの豊臣秀吉）は、戦功により浅井氏の領地の大部分を与えられる。羽柴秀吉と名乗り、初めての城持ち大名となったのである。翌年、より交通の便のよい今浜に築城を開始。天正３年（１５７５）、城の完成と共に長浜と改名したこの地に移り住んだ。町筋や掘割を整備、楽市政策などで城下町をつくりあげたものの、天下取りをめざし拠点を大坂に移すまで、在城は10年たらずだった。

この長浜で生まれた石田三成は、鷹狩をしていた秀吉と運命的な出逢いをする。喉が渇いた秀吉が訪れた寺で、佐吉と呼ばれていた三成が、見事な心遣いをした三杯のお茶を差し出したことで、その才を好んだ秀吉に召し抱えられるのだ。三献茶などと呼ばれるこのエピソードをモチーフにした「秀吉・三成出逢いの像」が、ＪＲ長浜駅東口ロータリーにある。

戦国舞台の真ん中に立つ

長浜駅から戦国ウオーキングをスタートしよう、と言いたいところだが、今回は移動距離を考えてレンタサイクルの利用をお勧めしたい。（駅舎に受付あり。一

日500円）

駅西口から真っ直ぐ東に進み湖岸道路を渡れば、豊公園に出る。この園内に長浜城を模した博物館がある。

秀吉が去った後、山内一豊などが長浜城主となるが、元和元年（1615）に廃城となり、建物と石垣の多くは彦根城に移された。昭和58年、長浜城址に3層5階の天守閣が再興され、現在、長浜城歴史博物館として公開されている。秀吉と長浜城の歴史はもちろん、石田三成や小堀遠州、国友鉄砲などの資料が展示されているので、これから回る史跡の事前勉強にも最適だ。

展望台からの眺望も素晴らしい。なんといっても、このロケーションが戦国ファンにはたまらないだろう。北に賤ヶ岳合戦場・虎御前山・小谷城址、東は国友鉄砲の里・姉川合戦場・小堀遠州出生地・横山城址・石田三成出生地、その向こうは関ヶ原古戦場だ。南には佐和山城址・彦根城、そして西には安土城址が望めるのである。まさに、戦国の歴史舞台の中心にいる気分になる。

太閤井戸

建物の周辺には、本丸などの跡を示す碑や秀吉の像、琵琶湖岸に立つ「太閤井戸」がある。琵琶湖を眺めながらの公園の散策と合わせて楽しみたい。また、日本さくら名所百選にも選ばれているとあって、季節を選んで訪れればさらに充実した時間が過ごせるだろう。

長浜繁栄の中で笑まれた祭

長浜駅の東口に回って、駅前通りを北へ走ると、すぐに北国街道にぶつかる。北に入ると、人気スポットの黒壁スクエア、東に延びる大手門通へと続く。この商店街の中ほどにあるのが曳山博物館だ。

秀吉の配下の新城下町では、インフラが整備され、商売を自由にした楽市、町人による自治制度がつくられるなど、人々は秀吉とその善政を愛した。この長浜時代、秀吉に初めての男子が誕生（幼年期に死亡）、喜んだ秀吉は城下に祝いとして砂金を配った。人々はその砂金で曳山をつくり、現在の日本三大山車祭りの一つ「長浜曳山まつり」が始まったのだ。博物館には、全部で12ある曳山のうち2基が飾られている。

ふたたび駅前通りに出て東に進むと国道8号線にでる。このあたりが小堀町。武人でありながら茶の湯・生け花に通じ、一方で建築・造園に手腕を発揮した「小堀遠州生誕地」。

総持寺の近くに「小堀新介殿屋敷跡」の石碑がある。

石田三成生誕の地

さらに東へ。いよいよ石田三成生誕地・石田町に入る。湖国バス「石田」の真ん中に「石田治部少輔三成屋敷跡」がある。よく見ると、道路のカーブミラーの表面にも三献茶がデザインされているのがわかる。

案内に従って、細い道を南に入って行くと、石田会館。町の集会所のようだが、敷地には三成公の銅像、三成をまつる石碑や「大一大万大吉」と刻まれた灯籠が、建物の中には三成ゆかりの品々が展示されており、館長が案内をしてくれる。貴重な展示物のひとつは、三玄院で発見された三成の頭蓋骨の写真。それを元に復元された顔もあった。

石田会館の奥が「石田神社」。裏には、毎年11月に供養祭のおこなわれる「三成公供養塔」がある。

石田バス停に戻って、標識を目印に北に入ると、民家の敷地内とおもわれるところに「石田三成産湯の井戸」がある。

石田町を後に、さらに東へ。石田山公園（その奥が横山城跡）の前を通って坂

上／石田三成生誕地
中／石田会館の展示資料
下／石田三成水汲みの井戸

道を進む。県境のトンネルを抜けて少し行くと、三献茶で名高い観音寺に着く。（ここはもう米原市）山門を入って左手の池のほとりに「石田三成水汲みの井戸」がある。

五万の兵が激突

観音寺を出て左（伊吹山方面）に走ると、国道３６５号線にでる。これを左折、北西の方向に進む。このあたりは、自転車レーンが設けられているので快適に走れる。このまま、県境を越えて、また長浜市に戻ることになる。さらに十分ほど走り、信号で道が二又に分かれるところで、国道を離れ右の方の道を進むと見えてくるのが姉川に架かる野村橋だ。このあたりが姉川古戦場。橋を渡りきったすぐ左手に碑が建っている。

元亀元年（１５７０）、信長包囲網を破るべく織田信長・徳川家康連合軍が近江に侵攻。これを迎え撃つ浅井長政・朝倉義景連合軍。五万の兵が雌雄を決すべく姉川河畔で激突した。結果は浅井側の敗走となるが、戦場は血に染まったという。今でも「血川」「血原」の地名が残っている。

上／姉川古戦場
下／国友鉄砲の里

合戦を変えた国友鉄砲鍛冶

姉川古戦場から西に進路を変えて、しばらくはサイクリングを楽しもう。30分くらい走ると、国友町に入る。言わずと知れた「鉄砲の里」だ。

天文12年（１５４３）、種子島に鉄砲が伝えられると、国友では早くも翌年から鉄砲をつくりはじめる。ネジの開発により大量の鉄砲の製造に成功し、最盛期には、70軒の鍛冶屋と５００人を超える職人がいたといわれている。天正３年（１５７５）の長篠の戦いでは３０００挺の鉄砲が使われたといわれているが、その内の５００挺が信長の発注した国友の鉄砲で、勝利に貢献。以後戦略が変わることになった。

国友鉄砲の里資料館を見学したら、ぜひとも町を散策してほしい。古い門構えの屋敷が多く、落ち着いた、いい雰囲気が漂っている。あちこちに鍛冶師の屋敷を示す碑がある。司馬遼太郎の文学碑もある。刻まれているのは「街道をゆく」の文章だ。

琵琶湖の夕景

長浜駅で自転車を返したら、もう一度、豊公園に行ってみたい。

近江の由来ともなった「近つ淡海」琵琶湖の湖畔を歩きながら、沈む夕日をゆっくりと眺める。その美しい情景とともに、近江の地で戦った戦国武将たちの姿を偲んでみるのもいいだろう。（水崎薫）

ろう。

追手道から入って、番所跡、お茶屋跡と進み、首据石の分岐で右に進むと重臣・赤尾清綱の屋敷跡がある。敗戦を覚悟した長政が自刃したところで、碑が建っている。首据石まで戻ってコースに戻る。桜馬場跡を過ぎると目の前に千畳敷ともよばれる大広間跡が広がり、奥には本丸の石垣が確認できる。茶々と初は清水谷コースの中ほどにある御屋敷跡で生まれたとされるが、江は、落城間近で信長勢に攻め込まれていた御屋敷ではなく、この大広間で生まれたと考えられている。さらに中丸跡、京極丸跡と進み、大石垣が往時をしのばせる険しい道を登りきると山王丸跡に着く。

帰りは、清水谷コースを下る。30分ほどで、資料館の前に戻ってこられる。

ここから少し足をのばせば、浅井家の祈願寺・小谷寺や落城時にお市の方と三姉妹が匿われた実宰院がある。レンタサイクル利用ならば、伝小谷城脇門が展示されている浅井歴史民俗資料館、浅井一家の人形がある長浜市立浅井図書館、さらには姉川古戦場も巡ることができるので、じっくりと浅井三姉妹ワールドを堪能していただきたい。（水崎薫）

…江・浅井三姉妹博覧会…

現在長浜では「江・浅井三姉妹博覧会」が開催されている（平成23年12月4日まで）。浅井歴史民俗資料館近くに『浅井・江のドラマ館』、小谷城跡近くに『小谷・江のふるさと館』、そして長浜駅近くに『長浜黒壁・歴史ドラマ50作館』と3つのパビリオンが設けられ、各会場を結ぶ博覧会バスが運行されている。これを利用すれば、博覧会と史跡資料館めぐりが手軽にできる。

【DATA】

◉小谷城戦国歴史資料館
長浜市小谷郡上町139／9：30～17：00（入館は16：30まで）／大人300円、小人150円）／火曜日休館（祝日振り替え、年末年始の休みほか臨時休館あり）／0749-78-2320

◉浅井歴史民俗資料館
滋賀県長浜市大依町528／9：30～17：00（入館は16：30まで）／大人300円、小人150円）／月曜日休館（祝日振り替え、年末年始の休みほか臨時休館あり）／0749-74-0101

【column】

NHK大河ドラマのヒロイン「江」のふるさとを歩く………長浜市

お江（養源院蔵）

大広間と本丸跡

三英傑をそれぞれ伯父（信長）・義兄（秀吉）・義父（家康）とした姫。三度目の結婚で二代将軍の正室となって三代将軍を生み、さらには天皇の祖母になる。時の権力者に翻弄されながら移り変わる時代の中で頂点に上りつめた女性が、浅井長政とお市の三女・江。2011年のNHK大河ドラマのヒロインとしても脚光をあびている人物である。

歴史散策で長浜を訪れるなら絶対はずせない場所、浅井三姉妹のふるさとを歩いてみよう。まずは浅井長政の居城であり姉の茶々・初とともに江が生まれた小谷城跡。今も土塁や堀切が残っている。

小谷城跡の最寄り駅はJR北陸本線の河毛駅。ここから徒歩約30分だが、駅のレンタサイクル（電動アシスト）を利用すれば、関連の史跡や資料館も回ることができて便利だ。

駅からの道を東に向かうと前方右手に、浅井攻めで信長が砦を築いた虎御前山が近づいてくる。北陸道をくぐり、郡上交差点を右に進むと小谷山麓に着く。ここが小谷城跡への上り口。入山前に小谷城戦国歴史資料館に立ち寄って、予備知識と詳しい地図を入手するのがいいだろう。

小谷城戦国歴史資料館

小谷山の登山道は、最高峰の「大嶽」に続く三本がある。城の主要な遺跡が残るのが東側尾根の本丸コース、屋敷跡がある清水谷をはさんで、西側の尾根が尾崎山コースで、こちらの遺構は朝倉勢が築いたものではないかと言われている。今回は本丸コースを大嶽の手前「山王丸跡」まで登り、清水谷を下りるコースをとってみよう。所要時間は90分ほどみていただければいいだ

御屋敷跡

長政公自刃之地

浅井歴史民俗資料館

浜松城

●静岡県浜松市

家康敗退の「三方ヶ原の戦い」ゆかりの地を歩く

家康の生涯唯一の敗戦となった三方ヶ原の戦い。信長との同盟維持のため苦渋の決断をした、正妻と嫡子をめぐる悲劇。今に残る肖像画「しかみ像」画が象徴するように、浜松で過ごした17年間は、家康にとって試練の時代だった。のちの徳川300年の礎を築いたとも言われる、若き日の家康ゆかりの地・浜松を歩いてみよう。

「遠州のからっ風」という言葉がある。浜松時代の家康も、試練という冷たい風と戦ったのだろうか。

元亀元年（1570）家康は浜松城を築城し、岡崎から移る。当時29歳。以後、駿府へ移るまでの17年間をここで過ごした。この間、姉川の戦い、長篠の戦い、小牧・長久手の戦いなどに勝利するが、三方ヶ原では武田信玄と戦い、生涯唯一の敗北を喫する。加えて正妻築山御前と嫡子信康を死に追いやらねばならなかった運命に苦悩する日々。

家康にとっての遠州は、のちに徳川300年の礎を築くための試練の時代だった。

浜松城の前身、引間城

若き日の家康ゆかりの地を、浜松市観光コンベンション課が設定している「家康の散歩道」の順路に従って歩いてみたい。

まず最初は、JR東海道新幹線浜松駅の北、遠州鉄道遠州病院駅の改札そばの交番の裏手にある、二代将軍徳川秀忠公誕生の井戸。天正7年（1579）家康の側室・西郷局が産んだ秀忠が、産湯をつかったところだ。関ヶ原遅参で汚点を残した秀忠だが、のちに家康の後継者となり徳川政権を維持・発展させている。

正室は豊臣秀吉の養女で浅井長政の娘・お江。平成23年のNHK大河ドラマの主役である。

井戸から徒歩約6分の椿姫観音には、築山御前の義理の従妹で、家康と戦い討ち死にした引間城の女城主・椿姫の伝説が残る。

引間城は浜松城の前身で、ホテルコンコルド浜松近くの東照宮がその城址である。「ひくま」の表記はいろいろあり、石造りの鳥居のそばの石碑には曳馬城址と刻まれている。屋根や扉に三つ葉葵が見られるように、東照宮の祭神は家康公で、明治17年に創建。その後戦災で焼失するも、昭和二十四年に再建されている。

東照宮

浜松城から三方ヶ原を望む

永禄6年（1563）家康は、引間城に大改修を施し、岡崎から移って徳川家の本城とした。「浜松城」の命名はこのときにされている。家康の後の城主にも栄進した大名が多く、「出世城」と言われるようになった。

浜松城公園入口から右へ続く坂を上ったところが本丸跡で、「若き日の徳川家康公」の銅像が立っている。「野づら積み」と呼ばれる古い石垣（一部は昔のまま）の間を進むと天守曲輪跡に出る。明治維新以後、城郭は荒廃していたが、昭和33年に市民の努力により復興天守が建てられた。ここは資料館になっており、展望台からは北方に三方ヶ原古戦場や南端の犀ヶ崖を望むことができる。

上／浜松城から三方ヶ原を望む
中／犀ヶ崖
下／本多肥後守忠真の碑

　元亀3年（1572）11月、上洛をめざす武田信玄は2万7000の軍勢を率い、浜松城の北に広がる三方ヶ原に向かう。自分の家の庭先を通られては黙っていられない家康。「我国をふみきりて通るに、多勢なりとうて、などかとがめざらん哉。兎角、合戦をせずしてはおくまじき。戦いは多勢無勢にはよるべからず天道次第」（『三河物語』）と、籠城を勧める重臣たちの反対を押し切り追撃を決断する。まんまと信玄の術中にはまった徳川・織田連合軍1万は、多数の死者を出して敗走、浜松城に逃げ帰った。家康はあまりの恐怖に、馬上で脱糞したという。この日の教訓を忘れないようにと、あえて打ち沈んだ姿を描かせた「しかみ像」とも言われる肖像画が残っている。

　公園に隣接する市役所の角には、逃げ帰った家康が鎧を脱いで枝にかけたと伝えられる「家康公鎧掛松」がある。現在の松は三代目だという。

犀ケ崖古戦場

　城の北西に位置する犀《さい》ヶ崖《がけ》へは約20分歩く。浜松北高校交差点角の犀ケ崖公園、このあたりが「犀ケ崖古戦場」だ。

　犀ヶ崖は公園の北側で、実際に覗き込むことができる。案内板によれば、当時は東西2㎞、幅約50ｍ、両岸は絶壁で、その深さは約40ｍに及んでいたそうだ。一矢報いようと、橋にみせかけた布を張り、迫る武田軍を崖に落としたと伝えられている。崖の上に両軍死者の霊を祀る宗円堂があり、慰霊のために創始された遠州大念仏の堂上となっていた。それが現在の犀ヶ崖資料館で、各種資料の閲覧、戦いの説明を受けることができる。

資料館の南側奥には本多肥後守忠真の碑が建っている。忠真は、徳川四天王の一人本多忠勝の叔父にあたり、三方ヶ原の敗戦ではしんがりをつとめ、刀1本で武田軍に切り込み死に果てた。

公園前の姫街道を北へ行ったところには、家康を逃がすために身代わりとなって敵軍の前に立ちふさがり討死にした家来「夏目次郎左衛門吉信の碑」がある。

家康ゆかりの寺三つ

一度浜松城近くまで戻って、そこから西へ3つの寺を訪ねよう。

浜松調理菓子専門学校の北にある普済寺。由緒ある曹洞宗の寺院で、遠州の曹洞宗の拠点となっている。三方ヶ原の戦いでは、浜松城の炎上を装い犀ヶ崖に武田軍を導くために家康がこの寺に火をかけさせたといわれている。

築山御前の廟所（月窟廟）がある西来院は、月窓義運禅師が開創。本堂前の庭に咲く長藤が有名だ。

家康が在城当時、弓の稽古に励んだという宗源院。普済寺13派のうち最も歴史の古い寺で、家康の身代わりとなって戦死した成瀬藤蔵正義や旗手の外山小作正重をはじめ、徳川方の戦没者の墓がある。

築山御前の悲劇

「三方ヶ原合戦之図」など家康に関する史料も多い浜松市博物館を見学したら、家康の散歩道もいよいよゴール地点へ。正妻築山御前にまつわる場所である。

築山御前（幼名、瀬名姫）は今川義元の姪にあたり、弘治3年（1557）家康（当時、竹千代）に嫁ぎ、信康と亀媛を産む。桶狭間で義元が横死すると、家康は独立し、浜松に城を構え家臣とともに移住する。家康との愛情がさめていた築山御前は岡崎に残るが、信康とその妻徳姫も不和となる。徳姫は父信長に信康の悪行と築山御前の謀反を訴え、安土城に呼び寄せた酒井忠次らが肯定すると二人の殺害を言いつけた。苦慮した家康だが、結局は家臣に命じて2人を殺さざるを得なかったのである。

太刀洗いの池

天正7年（1579）8月25日、浜松城に向かうため岡崎城を発った築山御前一行は、佐鳴湖を渡り小藪に上陸。蜆塚台地の下で「死を賜う」旨を使者から受け、築山御前は38歳の生涯を閉じた。

県西部浜松医療センターの向かいに太刀洗いの池は、介錯に使った刀についた血のりを洗ったところだと言われている。

翌月には、信康も幽閉されていた二俣城で切腹させられる。享年21だった。こうした浜松での試練を経て、家康は大きく成長する。三方ヶ原の敗北は、徳川軍団の強い結束、組織力を生んだ。信玄からは多くのことを学び、天下人への糧にしたのである。（水崎薫）

【column】

中部国際空港セントレアに、新たな武将の聖地「中部武将館《サムライ・ラボ》」が誕生。

平成 23 年 2 月 11 日、中部地区の武将観光の新たな情報発信基地として、戦国「侍（サムライ）」をテーマにした新スポットがセントレアに誕生した。

江戸大名の約 8 割を輩出し、「武将のふるさと」と呼ばれる中部エリア。中部武将館では、中部エリアの武将観光を一堂に集め、国内外に発信する。

織田信長、豊臣秀吉、徳川家康など中部エリアにゆかりの深い戦国武将にスポットをあて、武将にまつわる観光地案内のほか、重厚感あふれる甲冑や歴史資料が展示されている。また、戦国に関する書籍や歴史漫画本を集めたカフェ、名古屋おもてなし武将隊コーナー、武将グッズ販売、「戦国 BASARA」体験、甲冑を試着しての撮影など、子どもから大人まで、楽しめる魅力満載のコーナーがいっぱいだ。（長屋良行）

ファサード

常設展示（甲冑）

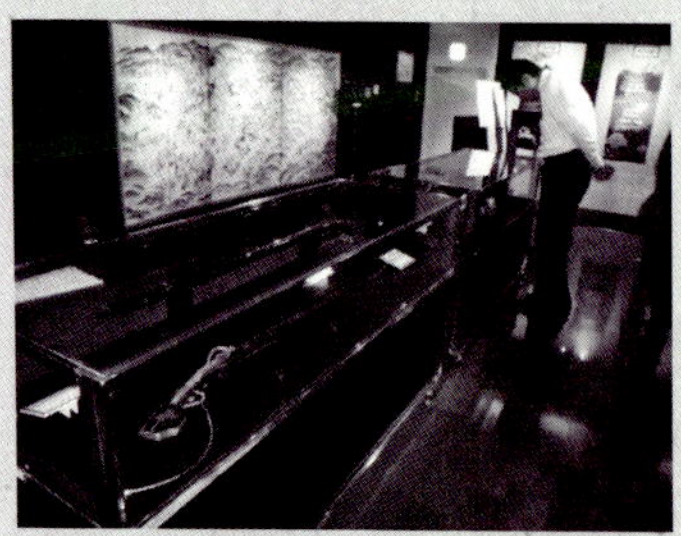

常設展示（火縄銃）

武将隊紹介コーナー

【DATA】

◉中部武将館 SAMURAI LAB.（サムライ・ラボ）
中部国際空港セントレア旅客ターミナル1F ウエルカムガーデン／ 10:00 ～ 17:00 ／ 0569-38-1492

［編著者紹介］

長屋良行（ながや・よしゆき）
1957年北海道旭川市生まれ。法政大学社会学部卒業。
現在、広告代理店「三晃社」に勤務。愛知県や名古屋市の「武将観光」にかかわるプロモーションやイベントに取組んでいる。
主な業務に、ホームページ『武将のふるさと愛知』（愛知県、2004年）、『織田信長ガイドブック』・『徳川家康ガイドブック』（愛知県、2009年）、「名古屋城検定」企画・運営（名古屋市、2009年）、「名古屋おもてなし武将隊」企画（名古屋市、2009年）、『古地図で歩く城下町なごや』（名古屋市、2010年）、セントレア「中部武将館〔サムライ・ラボ〕」企画（中部国際空港、2011年）

水崎 薫（みずさき・かおる）
1955年三重県伊勢市生まれ。南山大学外国語学部卒。
広告代理店「三晃社」勤務ののち、現在、グループの制作会社「スリービームス」に移籍。クリエイティブディレクター。

田中千奈（たなか・ちな）
印刷、広告業界で観光、歴史関係の仕事にかかわる。
地元紙でウオーキングの記事を連載。
現在は、地域に古くから伝わる祭りや文化、習慣などをテーマに調査、フィールドワークを続ける。

装幀／夫馬デザイン事務所（カバーイラスト：蒲優祐）
本文イラスト／蒲優祐　3、7、10、58、73、121頁
海老原美幸　19、30、65頁
伊藤三喜　9、33、50頁

東海 戦国武将ウオーキング

2011年5月27日　第1刷発行　（定価はカバーに表示してあります）

編著者　長屋良行
発行者　山口 章

発行所　名古屋市中区上前津2-9-14　久野ビル
振替 00880-5-5616 電話 052-331-0008
http://www.fubaisha.com/
風媒社

乱丁・落丁本はお取り替えいたします。　＊印刷・製本／モリモト印刷
ISBN978-4-8331-0143-1

高木洋編著

宣教師が見た信長の戦国

●フロイスの二通の手紙を読む

信長がその人生で初めて会った西洋人ルイス・フロイス。彼の目に信長とその時代はどう映ったのか？　信長の岐阜城における「宮殿」の実態など、最新の遺跡発掘調査も紹介する。

一六〇〇円＋税

中井均編著

東海の城下町を歩く

織田信長・豊臣秀吉・徳川家康の誕生地であり、彼らを支えた数多くの武将の出身地でもある東海地方。この地域には江戸時代に多くの城下町が栄えた。今もそこかしこに残る城下町の面影を訪ねるガイドブック。

一五〇〇円＋税

中山正秋

ドニチエコきっぷでめぐる名古屋歴史散歩

モダンな名建築に触れ、華麗な庭園を愛で、街道に江戸の面影を探る…。ドニチエコきっぷで地下鉄・市バスに乗って、名古屋を再発見！　奥深い歴史と文化をもつ名古屋を十二のテーマに分けて紹介。

一四〇〇円＋税